POUR LE PATRIARCAT

Laissez un commentaire sur la page Amazon de votre achat !

Jean-Baptiste Greuze : l'Accordée de village (1761), Louvre

SOMMAIRE

I

a) **La France, vieille société patriarcale** - La France, vieille société patriarcale, se dirige à pas lents vers le matriarcat. Oh, nous avons eu des épisodes matriarcaux, avec les Mérovingiens, par exemple, époque de femmes sanguinaires et de fils obèses et fainéants mais il ne s'agissait que de la toute petite structure régnante, balayée comme il se doit par des hommes énergiques. La profondeur de la société, la cellule familiale et les liens de vassalité, tout reposait sur la loi du père, de l'homme capable d'assurer sa propre transmission, de dégager l'avenir.

Aujourd'hui, c'est bien la société en profondeur qui est déjà suffisamment féminisée et qui devra produire fatalement un pouvoir de type féminin pur, matriarcal. Sur le site OkCupid, qui est américain, à la rubrique: *Je passe beaucoup de temps à penser à* (« I spend a lot of time thinking about »), quasiment toutes les femmes américaines écrivent: le futur. Elles pensent comme les hommes d'autrefois sauf qu'il y a chez elles une espèce d'obsession anxieuse: elles y pensent mais ne savent pas de quoi il sera fait. Chez nous, Paris, notre vieille capitale, donne le ton, semble-t-il, "conquise" d'abord par un homosexuel (2001) puis une femme (2014). Par une faveur divine ou surnaturelle, la France a échappé encore en 2007 au pouvoir féminin et à sa "bravitude" mais pas à son équivalent présent partout dans les médias et le débat politique, la "haine", vague notion chochote plutôt que concept solide, ramenant les idées et les options d'avenir au niveau du sentiment instantané.

Pour l'emporter, N. Sarkozy dut composer et parler le volapük féministoïde: proximité, détails triviaux, absence d'esprit de synthèse. La présence féminine a été oubliée en 2012: ironiquement, c'est un incapable façon mérovingienne que les Français ont placé sur un des plus vieux trônes de l'histoire.

Bien que me sentant plutôt proche de Marine Le Pen, je ne souhaite pas sa victoire en 2017. La France n'a pas besoin d'une Jeanne d'Arc qu'elle n'est pas (divorcée, incroyante) ou bien pas lors d'élections régulières.

L'enjeu, qui la dépasse en effet, est la survie d'une république incapable, outrancière verbalement mais d'une mollesse insigne, d'un pouvoir faible peuplé d'hommes-chapons pour reprendre une expression de Lucie Choffey, qui ne définissent leur salut qu'à travers l'opposition systématique et surjouée au Front national. "les responsables politiques, qu'ils soient dans l'opposition ou dans la majorité, au gouvernement, viennent, avec cette affaire, avec cette menace qui aurait soudain pesé sur les Guignols de l'info, viennent de prêter allégeance à leurs insulteurs" - "Ce sont les puissants (les Guignols) qui chahutent les faibles" - "Il faut cesser d'appeler les puissants ceux qui n'ont pratiquement plus aucun pouvoir." (1) L'absence de chef véritable, de "roi" comme dit Eric Zemmour, se fait cruellement sentir. Sans l'institution de l'élection du Président au suffrage universel en 1962, comme le rappelait le journaliste dans l'émission *Ca se dispute*, Fr. Hollande eut été balayé bien avant le terme de son mandat, tel un vulgaire Président de Conseil de IVe République, ce qu'il est en réalité. Alors, pour bien faire, le Front national devrait jouer le pourrissement du régime comme de Gaulle en 1958. Au contraire, M. Le Pen, à la manière de Fr. Mitterrand, compte assurer "le changement dans la continuité" et commence par rassurer les bobos, majoritaires dans le pays. Pour sortir de la démocratie d'opinion, syndrome d'une société archi-féminisée à l'américaine, il faudrait un grand boum et non pas une énième élection allant dans le sens du vent féministo-féminin.

b) **Société et pouvoir sont dissociés aux Etats-Unis** - L'Amérique, toujours influente malgré ses difficultés, tire un grand profit de la féminisation des esprits et des coeurs. Il y a là-bas deux choses qui peuvent surprendre dans leur coexistence et même leur collaboration; en réalité, leur collaboration est parfaite. La société est entièrement féminisée, les grands secteurs le sont ("éducation", nous disions autrefois instruction, justice, information). Le tabou sexiste pèse sur la vie de chacun, les médias sont farouchement féministes. La féminisation américaine est déjà un vieux phénomène: peut-être peut-on l'unir à l'apparition de la consommation de masse, création elle-même américaine, dès les années 1920 et 1930. Simone de Beauvoir la remarquait à un stade avancé, dans son célèbre livre de 1949: "...en particulier les Américaines pensent volontiers que la femme en tant que telle n'a plus lieu", mais c'était pour ajouter plus loin: "L'attitude de défi dans laquelle se crispent les Américaines prouve qu'elles sont hantées par le sentiment de leur féminité." Cet éparpillement schizophrénique de la personnalité s'est poursuivi jusqu'à nos jours, en témoigne OkCupid et ses (trop) nombreuses jeunes femmes qui, à l'orée de la vie adulte, expriment de façon péremptoire leur refus de la maternité et en même temps, une sorte de prurit sexuel qui, à une époque, me plaisait d'ailleurs.

Mais c'est un trait qui finit par lasser; les Américains sont conditionnés à vouloir, à exprimer toutes leurs attitudes: les Américaines en particulier. Peuple d'avocats sans profondeur, ils répandent un formalisme messianique en toute matière; la sexualité n'y échappe pas. La féminisation américaine a donc rendu les femmes viriles sur le plan de la volonté; cela se paye par des manies, une listite, une obsession du futur comme précédemment mentionnée donc une frustration permanente au présent, des troubles obsessionnels compulsifs comme on dit et de véritables comportements schizophréniques, appelés du doux nom de bipolarité. Ce sont les spécialistes de l'existence coupée en petits morceaux qui s'ignorent; la chimie ainsi qu'une psychiatrie elle aussi formellement volontaire y suppléent.

Conditionnées à fonctionner comme des mâles, les Américaines n'en imposent pas moins la dure loi d'airain du politiquement correct. On se souvient du fumeur de joints Bill Clinton qui avait accentué cette formalisation des rapports humains, tout en se consolant avec la Lewinski. L'anarchie des moeurs a besoin d'un flicage formel, celui des mots qui peuvent rendre un son trop patriarcal et heurter la sensibilité de rejetons éduqués dans l'auto-admiration manifeste. Grâce à sa jeunesse historique cependant, la féminisation de l'Amérique ne pèse pas sur le cours de son destin.

Il n'est pas certain en effet que la féminisation d'une société corresponde à son déclin historique. Dans notre situation, on pourrait le penser, où, de manière caricaturale, les délinquants, criminels sont soulagés de leurs dures peines par maman Taubira tandis qu'écrivaillons, polémistes, diseurs d'opinion sont pourchassés pour quelques mots de travers.

Les Américains donnent toujours l'impression d'assurer la grandeur et leur puissance, militaire et diplomatique, est réelle. C'est que là-bas, il y a une dissociation complète entre la société et le pouvoir, le signe justement, d'une grande féminisation en apparence. Normalement, une telle société bloquée, narcissique et culpabilisatrice à l'excès ne devrait rien donner sinon de nombreux cas de démence et d'explosion exceptionnelle de rage et de violence. Mais le pouvoir a su se renouveler et rester masculin, c'est à dire dur et efficace et dans leur grande inconscience, Américaines dites émancipées et Américains féminisés servent un pouvoir oligarchique. Le pouvoir américain repose sur un leurre: c'est une oligarchie militaro-industrielle, militaro-bancaire qui se fait passer pour une démocratie, la plus importante de toutes et dans ce tour de passe-passe hollywoodien, les travailleurs tertiarisés, notamment les femmes, jouent un rôle capital. C'est à eux d'assurer le mensonge, de perpétuer le mythe démocratique pourtant bien amoché depuis l'assassinat du président Kennedy par au moins quatre hommes et non pas un.

Habiles à détecter le mensonge chez l'amant, les femmes n'y voient goutte quant au mensonge social.

c) **Impuissance politique de la société féminisée** - La caractéristique d'une société féminisée en profondeur, c'est effectivement le mensonge, non pas son existence mais son ampleur et sa défense. Assez poilant lorsqu'on songe que dans la vie privée, c'est ce que les femmes détestent le plus!

Les hommes mentent bien sûr mais leur mensonge a quelque utilité et politiquement, le mensonge masculin (Louis XI, par exemple) peut servir l'Etat ou la société. Les femmes ne mentent pas précisément: elles couvrent le mensonge, le perpétuent, l'habillent, y croient un peu elles-mêmes.

Combien d'hommes ont dénoncé la supercherie du 11 septembre et combien de femmes? Les pionniers furent des hommes: Th. Meyssan, E. Hufschmid, David R. Griffin. Comme c'est souvent le cas en art ou avec la pensée, il y eut, dès 2002, une floraison de livres, tous d'auteurs masculins, remettant en question ces fantastiques attentats. Combien de femmes journalistes, à l'inverse, aux Etats-Unis, en France ou partout ailleurs en Occident, se sont contentées de répéter une version de plus en plus invraisemblable mais tamponnée officielle? Mar. Le Pen a-t-elle émis des doutes quant à la version dite officielle?

La consécration des femmes dans le journalisme, sorte d'eldorado féministe, a correspondu à ce formidable déploiement mensonger. Les femmes auraient-elles été utilisées sciemment comme l'instrument du capitalisme contre la démocratie? C'est la thèse d'Alain Soral (<u>Vers la féminisation</u>, 1999): la féminisation est un "complot" décidé par des capitalistes en mal de succès et ceux-ci ont "mis" les femmes en avant, le narcissisme féminin pour sauver l'économie capitaliste et ses crises à répétition. Thèse hégéliano-marxiste en diable, séduisante mais pas logique au fond. Si complot il y a eu de quelques promoteurs de l'image féminine, il était impossible que ceux-ci prévissent leur propre succès, il était impossible que ce succès se réalisât de manière aussi complète, il était impossible que ces quelques comploteurs "missent" les femmes en général au travail tertiaire et transformassent les hommes en doux consommateurs féminisés. Ce sont des processus qui leur ont échappé et qu'ils ont pu appuyer, certes, par la publicité notamment (A. Soral citait volontiers E. Bernays, par exemple). Généralement, je pense que l'homme ne maîtrise pas son destin: pas plus la femme d'aujourd'hui qui a récupéré l'idéal prométhéen de l'homme déchu.

Cette thèse soralienne ne fait donc que synthétiser des conséquences diverses de phénomènes eux-mêmes divers: démocratisation de vieilles monarchies, scolarisation obligatoire, progrès médicaux, tertiarisation de l'économie, vagues d'industrialisation puis de désindustrialisation, mécanisation, consommation standardisée, femmes à la tache pendant la guerre, aux champs ou à l'usine, féminisation des services, féminisme maternel au sortir de la guerre (1945), féminisme compétitif et agressif des années soixante-dix, concentration capitaliste des médias...

Le capitalisme américain d'avant-guerre ne s'est pas sauvé grâce à la femme d'ailleurs mais grâce à la guerre, avec un soupçon pas si bête de connaissance préalable de l'attaque de Pearl-harbor par le président Roosevelt. Société et pouvoir sont ainsi complètement séparés aux Etats-Unis, je l'ai dit, mais les deux sont au service du capitalisme le plus agressif. Le 11 septembre 2001 marque justement l'agression du pouvoir américain sur son propre peuple, jusqu'où peut aller cette tendance à la dissociation.

Si "complot anti-démocratique" il y eut, il est explicite en tant que ramassis de conséquences, pas en tant que cause unique. A la différence d'A. Soral, pour qui je garde de l'admiration mêlée de tristesse, je ne crois pas, non pas à l'existence de complots mais à leur réussite dans la durée. Un complot peut réussir matériellement mais c'est le mensonge en direction des masses et justifiant l'action secrète qui est important. Alors que le complot est ourdi et perpétré par un petit nombre, il est important que sa justification mensongère soit relayée par le plus grand nombre; ce faisant, elle s'insère dans la réalité et rencontre toutes sortes de difficultés, d'oppositions; les questions et les remises en cause surgissent. Les mensonges gouvernementaux relatifs au 11 septembre ont été particulièrement gratinés, sous cet aspect: d'aussi formidables attentats ont été commis alors que le gouvernement ne se doutait de rien; par contre, leurs auteurs ont été rapidement connus... certains se sont même faits connaître du Maroc ou d'Arabie saoudite pour dire qu'ils étaient bien vivants et innocents!

Le complot a réussi matériellement: trois superbes démolitions contrôlées en plein New-York dont les superstructures géantes du World trade center, chères au cinéma, mais pas moralement, pas dans la durée. Une quasi majorité d'Américains, dix ans seulement après les faits, ne croit plus tellement à la thèse dite officielle, relayée comme telle par "l'administration Obama" (2009). (2)

Il avait fallu par contre une trentaine d'années, depuis l'assassinat du président Kennedy, pour que les Américains acceptent à peu près la version complotiste proposée par Kévin Costner et son film *JFK* (1991). Mais ces prises de position, longue ou courte, n'ont rien changé à la politique américaine en soi. Nous avons donc sous les yeux une société lourdement féminisée, non pas idiote (quoique...) mais réduite à l'impuissance. Déterminisme sexuel et social vont de pair. De pareils attentats n'auraient pas eu lieu dans la morale société virginienne du XVIIe siècle, vilipendée pour son esclavagisme. Le nombre d'esclaves incapables d'agir a simplement augmenté depuis, dirait-on. Les Américains ont beau clamer leur attachement à la démocratie, ils n'en servent pas moins un gouvernement despotique. Les manifestants par millions de par le monde en 2003 n'ont pas empêché l'action programmée de longue date par "l'administration Bush" en Irak, la réduction de l'ONU à l'état de jouet stupide.

d) **Howard Zinn et la méthode socio-économique stricte** -
Ce double phénomène: féminisation des êtres, violence
masculine d'un pouvoir masqué marque profondément la
civilisation américaine qui y trouve curieusement un
équilibre. Il s'agit aussi d'une forme ultime et non pas d'un
plan préparé à l'avance. Les féministes américaines se
gardent bien de remettre en cause leur influence sur la
société, même et surtout si cette influence empêche toute
expression réellement démocratique du peuple. Les
féministes là-bas viennent donc, dans l'histoire, en quelque
sorte chapeauter, justifier de manière injustifiable le
contredit violent à l'idéal américain des origines.

Un auteur illustre cette dualité quasi irréconciliable, c'est
Howard Zinn. Dans <u>Une histoire populaire des Etats-Unis</u>
(1980), il oppose presque caricaturalement classes
supérieures et inférieures à travers l'histoire américaine en
expliquant que les premières n'ont jamais fait que trouver
les moyens de se maintenir au pouvoir. Mais à lui comme
à A. Soral avec lequel il partage une méthode socio-
économique étroite, je rétorquerais qu'un tel "programme"
n'était pas prévisible à long terme. Les classes supérieures
américaines sont bien à l'origine des moyens destinés à
perpétuer l'économie capitaliste avec ses privilégiés mais
aussi à l'origine du système démocratique américain, de la
littérature américaine, du mouvement des droits civiques...
Dans les milices patriotiques des années 1770, il n'y a pas

le germe de la société orwellienne d'aujourd'hui. De plus, Zinn prend ostensiblement le parti des "classes inférieures" dont il définit bien les contours: "Au printemps 1983, l'idée du gel des armements nucléaires avait été acceptée par trois cent soixante-huit villes et conseils de comté à travers le pays, par quatre cent quarante-quatre assemblées municipales, par dix-sept parlements d'Etat et par la Chambre des représentants"... mais ne comprend pas l'impuissance. Logiquement, selon lui, ces classes opprimées dans lesquelles il amalgame femmes, noirs, Indiens, ouvriers à la manière beauvoirienne, devraient se révolter ("L'imminente révolte de la garde"). La garde dont il parle, la classe moyenne, se paupérise à vue d'oeil mais ne brise pas le "système".

Enfin il est significatif que Zinn, pourtant mort en 2010, n'ait pas compris toute la facticité des attentats du 11 septembre. "Ces attentats furent commis par dix-neuf individus originaires du Moyen-Orient...", écrivit-il en post-scriptum. N'a-t-il pas vu dans le gouvernement Bush une femme noire au poste de Secrétaire nationale à la sécurité, elle qui provoqua le seul couac de la commission relative aux attentats en révélant le nom compromettant d'un mémo: "Ben Laden déterminé à attaquer les Etats-Unis"? (3)

Selon ses propres critères politiquement corrects, cette "Afro-américaine", femme de surcroît, était bien placée pour embrasser les problèmes des classes opprimées, arbitrairement définies par les idéalistes que sont de Beauvoir, Zinn ou Soral. Mais non! Il n'en fut rien. Elle a surtout dû représenter une sacrée scène de ménage avec son amant P. Zélikow qui avait goupillé toute la commission!

De même, A. Soral qui jouit en quelque sorte d'un fond de commerce moral portant sur la rebellitude politique des jeunes ou des musulmans francisés, nouvelle classe messianique, prophétise, outre sa propre mort glorieuse, l'urgence d'un changement social d'envergure en tenant dans un décor de bistrot une séance inaugurale avec son compère assoupi Dieudonné (vidéo de sept. 2014). Le but, pas modeste: gêner la progression électorale du Fn, après la "trahison" du "pisseur de copie" Chauprade, désormais satellisé dans la galaxie obsédante du complot "américano-sioniste". Aux élections locales suivantes, les départementales de mars 2015, aucun candidat de la "dissidence" n'était signalé... Depuis cette risible vidéo, la classe messianique annoncée, c'est-à-dire les quelques musulmans amoureux de la France qui font moins de fautes d'orthographe que les autres ont-ils soutenu un parti plutôt ridicule dès le départ et dépourvu de chef? Le gourou parisianiste à tendance nord-coréenne, qui appelait au retour des valeurs viriles et disait les incarner, ne fut en effet pas le chef de cette vaste entreprise. "J'ai pas envie d'y aller non plus... c'est plutôt pour aider les gens à voter pour eux-mêmes." De cette vidéo je date la faillite d'un homme et d'un idéaliste dévoyé.

Au contraire de Zinn, trop rigide et trop fataliste, je ne crois pas que les classes sociales aux Etats-Unis aient été opposées de tout temps, je ne crois pas que le capitalisme américain soit responsable de toute la misère américaine. Au contraire d'A. Soral, vieil adolescent qui a du mal à appliquer à lui-même les préceptes moraux qu'il répand généreusement, je ne crois pas au combat collectif qui, à travers l'histoire, trouve toujours sa contradiction profonde et même sa négation. Quel plus bel exemple que Soral lui-même, l'universaliste "hégéliano-marxiste" devenu par la force des choses baboucholâtre bisexuel!

A l'instar d'E. Zemmour, je crois bien plus à la bataille des idées plutôt qu'au changement social attendu d'elles: le résultat en est presque toujours catastrophique. La bataille de ces idées doit même être la plus forte, la plus concentrée possible afin qu'autant que faire se peut, elles s'annulent. Mais les hommes, je le sais, suivent leurs idées jusqu'au bout, jusqu'à la faillite, jusqu'à la mort...

e) **La féminisation comme phénomène divers** - La distinction sociale de nature sexuelle et l'équilibre dont j'ai parlé, peu compréhensible à un esprit superficiel, existent surtout grâce à la jeunesse du peuple américain, à son énergie, à sa violence intrinsèque. L'énergie d'un peuple jeune, redoutable, doit se déverser, s'exprimer; celle du peuple américain porte un nom: le "messianisme démocratique" auquel tous, féministes ou non, pauvres ou riches, jeunes ou vieux, démocrates ou républicains, adhèrent. Le féminisme américain accepte tacitement la violence masculine extraordinaire de son gouvernement qui, en retour, le laisse gouverner sur un peuple d'êtres féminisés, pacifiques, impuissants, naïfs, ayant cependant le don de croire à la démocratie américaine et à son expansion à travers le monde: "make the world a better place", "change the world". Ainsi est fait le partage des tâches; il est d'autant mieux assuré par le recrutement militaire des noirs pauvres et hispaniques comme la Rome antique recrutait des auxiliaires, ce qui évite au mâle blanc féminisé de s'y coller.

Le capitalisme américain est alors sauvé, prorogé soit par la guerre (pôle mâle) soit par l'image narcissique féminine (pôle femelle), "capitalisme de la séduction" (4) et tout ceci s'ignore, ment et se ment, s'équilibre.

La féminisation est donc un phénomène de civilisation, subtil, difficile à définir, qui peut se rencontrer à une époque d'apogée (première moitié du XVIIIe siècle français, seconde moitié du XXe siècle américain) ou de déclin, qui n'a pas le même sens pour un pays jeune ou un vieux pays comme le nôtre. Les Américains ont l'énergie requise pour se débarrasser du féminisme: c'est ce qu'on pourrait croire à la vue d'une page Facebook comme "Women against feminism". Mais en ont-ils l'intention, y ont-ils intérêt? Comme les choses sont si bien partagées chez eux, pourquoi auraient-ils intérêt au changement?

L'immigration non plus n'est pas vécue de la même façon ici et outre-Atlantique; de fait, nous subissons les préceptes anglo-saxons d'un espace mondialisé. Sensés nous apporter un sang neuf, les immigrés pourtant se retrouvent plus souvent dans les pages de faits divers avec des noms d'emprunt plutôt qu'à servir l'armée et un idéal d'expansion capitaliste. Nous ne faisons plus rêver.

Est-ce que ce déclin français, si souvent évoqué, est naturel ou correspond-il justement à un raffinement débilitant de nos moeurs, à une féminisation extrême? C'est ce qu'il est bien difficile de savoir. Dans un cas, nous ne survivrons pas, enterrés par la féminisation, dans l'autre, nous la dépasserons, la terrasserons pour longtemps et redeviendrons un pays unique au monde, habité par l'histoire et les passions.

(1) Alain Finkielkraut, *l'Esprit de l'escalier*, RCJ, 5 juillet 2015.
(2) Sondage YouGov de septembre 2013: 38% des Américains doutent de la version officielle, 10% n'y croient pas. Institut de sondage britannique mais sondage financé par Rethink911.
(3) Mémo d'août 2001.
(4) Le capitalisme de la Séduction, titre d'un ouvrage (1981) de Michel Clouscard, mentor d'A. Soral.

II - Les féministes n'admettent pas la féminisation

J'ai employé plusieurs fois le terme de féminisation: ce terme m'importe plus que celui de féminisme qui n'importe plus vraiment dans nos vies; ce fut une mode bizarre que les femmes elles-mêmes voudraient oublier... tout en vivant à partir de ses acquis.

La féminisation est autrement sérieuse; c'est pourquoi d'ailleurs les rares féministes d'aujourd'hui n'en parlent pas ou n'en veulent pas parler. Je pense particulièrement à Elisabeth Badinter qui, dans un livre de 2003, <u>Fausse route</u>, "un petit opuscule ravageur" paraît-il, (1) voudrait désespérément en rester au féminisme à l'ancienne mais n'a pas même saisi les conséquences déjà établies du féminisme et de la féminisation. Rappelons que dans le contexte français, A. Soral écrivit en 1999, <u>Vers la féminisation</u>, en démontrant selon lui, qu'une féminisation générale est une entreprise capitaliste rentable; E. Zemmour, en décrivant mieux la féminisation dans un petit livre de 2006, <u>le Premier sexe</u>, n'en tient pas moins pour la même théorie: les femmes sont "l'armée de réserve du capitalisme". Mais Zemmour est plus descriptif que théorique; en bourgeois établi et rejeton réussi du patriarcat, il n'a aucune raison de jouer au contestataire permanent et au théoricien révolutionnaire type Soral; seulement, il est en porte-à-faux avec ses congénères, la bourgeoisie devenue soixante-huitarde.

Même si la théorie est plus ou moins contestable selon qu'on l'accommode à la sauce marxisante, en en faisant une cause absolue, il n'en reste pas moins que la féminisation factuelle est incontestable... sauf pour les féministes.

"L'image de la femme traditionnelle s'effaçait pour laisser place à une autre plus virile, plus forte, presque maîtresse d'elle-même, sinon de l'univers." Voilà la femme rêvée d'Elis. Badinter; on en voit immédiatement le côté grotesque et irréel. Le mot féminisation n'est jamais écrit par Elis. Badinter. Elle pense le féminisme comme une abstraction qui doit être plaquée sur la réalité; c'est exactement le même esprit et la même méthode qui animaient les révolutionnaires marxistes. Le féminisme est un avatar du grand chamboulement anti-traditionnel de la Renaissance appelé individualisme; mais par la vision messianique artificielle, il est l'ennemi, au même titre que le communisme, de la société bourgeoise dont chacun a tenté de saper les fondements matériel et spirituel: propriété et patriarcat. "...dans les communautés agricoles la femme est souvent revêtue d'un extraordinaire prestige. Ce prestige s'explique essentiellement par l'importance toute neuve que prend l'enfant dans une civilisation basée sur le travail de la terre" - "la propriété (...) exige de ses possesseurs une postérité" - "l'homme demeure son maître comme il est maître de la terre fertile; elle est destinée à être soumise, possédée, exploitée comme l'est aussi la Nature dont elle incarne la magnifique fertilité" - "Cultiver le domaine paternel, rendre un culte aux mânes du père, c'est pour l'héritier une seule et même obligation..." - "Ce qui caractérise le droit féodal, c'est qu'il y a confusion entre le droit de souveraineté et celui de propriété, entre les droits publics et les droits privés" - "Le domaine n'est plus la chose de la famille comme au temps de la gens romaine: il est la propriété du suzerain; et la femme appartient aussi au suzerain" - "C'est seulement dans un monde socialiste que la femme en accédant à l'un s'assurerait l'autre (travail et liberté)." Simone de Beauvoir avait compris le lien qui unissait les deux, propriété et patriarcat et avait passé sa vie dans une subversion stérile des deux, n'ayant ni descendance ni véritable amour, transformée tôt en maquerelle du féminisme. Les grandes rebellions finissent toujours dans le ridicule et la tristesse.

La première remarque sensée d'Elis. Badinter survient à la page 50: "A ceci près qu'aujourd'hui, il n'y a plus d'hommes pour les protéger. Le "viriarcat" s'est substitué au patriarcat. Tous les hommes sont suspects, et leur violence s'exerce partout." Il n'y a plus d'hommes pour protéger les femmes mais mad. Badinter ne se demande pas si cela est une conséquence du féminisme ou de la féminisation. Elle pense que le féminisme est devenu essentiellement victimaire et que cela nuit gravement à la noble cause des femmes, les hommes, par eux-mêmes, ne l'intéressant pas. Le mauvais terme qu'elle invente n'a d'ailleurs pas de réalité: il correspond à ce que pensent les féministes culturalistes, les obsédés de la domination masculine. Ce qu'il faudrait dire, c'est que nous sommes plutôt dans une période intermédiaire, entre post-patriarcat et pré-matriarcat.

En juriste soucieuse de dérouler son propos, mad. Badinter passe à côté de l'essentiel et s'attarde donc en de longs chapitres verbeux à des problèmes abstraits: les hommes trop féminisés et culpabilisés ne peuvent plus protéger les femmes mais ça n'est pas le plus important; le plus important, c'est de redresser vite fait la belle abstraction que constituait le féminisme d'antan, le féminisme beauvoirien. On culpabilise et pénalise une certaine sexualité au profit d'une autre mais des pages entières durant, Elis. Badinter ne dit pas que la première est masculine et la seconde féminine. "Le propos est révélateur: la bonne sexualité ne se conçoit en fait que dans l'amour, ou le désir partagé. La sexualité pulsionnelle qui ignore le sentiment, est hors la loi, amorale et donc à combattre." Pour mad. Badinter, la sexualité pulsionnelle n'est pas essentiellement masculine: c'est un droit que devraient se partager tous les êtres humains. Simone de Beauvoir ne pensait pas autrement.

Il faut 165 pages à la très lente mad. Badinter pour accoucher d'une lumière qui la mette à niveau avec la réalité ambiante: "...ne faut-il pas entendre une injonction à "féminiser" la sexualité masculine?" Elle en a mis le temps! Ce qui était évident lui apparaît enfin et pourtant, il faut qu'elle ratiocine, qu'elle recrée son petit monde doré juridique et moral qui l'éloigne, telle Emilie du Châtelet, des pesanteurs réelles. "Tout d'abord, ces caractéristiques traditionnellement attribuées à l'homme appartiennent en fait aux deux sexes..." - "Lutter contre l'imperium masculin est une nécessité: mais la déconstruction de la masculinité en vue de l'alignement sur la féminité traditionnelle est une erreur, sinon une faute" - "Changer l'homme n'est pas l'anéantir." Changer l'homme? Se prend-elle pour Dieu celle-là? Qu'est-ce qu'on a bien pu lui faire, à cette pauvre dame qui a tout de même bien vécu à l'ombre de son mari magistral et on le sent, passablement magnanime? On ne fait pas plus patriarcal que R. Badinter.

Si Natacha Polony, plus jeune, aborde plus librement les torts et échecs du féminisme (L'Homme est l'avenir de la femme, 2008), elle n'en conteste pas moins la validité du seul phénomène d'envergure lié en partie au féminisme, la féminisation qui touche aussi bien hommes et femmes. "La galanterie qui régnait dans les salons du siècle des Lumières était une forme apaisée du rapport entre les sexes, que l'on ne peut réduire... à un amollissement généralisé" - "Ce que pourtant n'hésite pas à faire Eric Zemmour dans le Premier sexe, puisqu'il s'agit (...) d'assimiler une prétendue féminisation (et homosexualisation) des sociétés avec une décadence coupable." Nat. Polony est une contradiction vivante: son livre en bonne partie, comme celui de Zemmour du reste, est une critique de valeurs féminines absolues dont elle saisit bien l'artificialité ou la nocivité en général. Pourquoi alors ne pas appeler ce phénomène féminisation?

La contradiction vivante qu'est Natacha Polony est aussi celle de ses contemporaines, qui vivent une époque où le combat féministe n'a plus aucun sens, n'est plus que caricatural (fémènes) et se demandent également " pourquoi les femmes qui ont passé les trente dernières années à se libérer, ne semblent pas franchement plus heureuses?"

Comme Elis. Badinter, Nat. Polony a eu de la chance dans la vie: elle a fait jusqu'au bout des études parfaitement inutiles (DEA de poésie). (2) Elle écrit dans des magazines, passe à la télé et passe aussi avantageusement pour la réactionnaire du féminisme... Elle sait, ouf! se moquer d'un sujet pris très et même trop au sérieux par les femmes, aussi par les hommes. Elle n'en est pas moins une féministe déguisée voire toc.

La vieille-féministe Elis. Badinter est peut-être ennuyante au possible, elle sait ce qu'elle dit même si ça n'est pas profond. Elle vient d'un monde de repères, le patriarcat justement. Avec des vues parfois plus profondes, Nat. Polony vient comme beaucoup d'autres et moi-même du reste, d'un monde déstructuré, celui des mères célibataires et féministes, des familles "monoparentales" dont ni Badinter ni Polony ne veulent voir la réalité sociologique et le lien causal avec le féminisme. "J'ai depuis longtemps compris que (...) nos mères (...) nous avaient escroquées... Je croyais bénéficier des luttes de mes aïeules; j'en subissais les effets pervers et les dommages collatéraux" - "J'étais sommée de me montrer femme, de m'afficher femme, et solidaire de tout ce qui porte jupe ou ovaires..."

Simone de Beauvoir, Elis. Badinter et Nat. Polony: dans un intervalle de soixante ans, la femme pense abstraitement, c'est-à-dire qu'elle pense abstraitement tout court: incapables de penser la réalité politique et sociale dans sa globalité, elle prend la pensée pour des schèmes abstraits à répéter scolairement, inlassablement... C'est ce qu'avait relevé Simone de Beauvoir, d'ailleurs: "Ecrasée par le respect des autorités et le poids de l'érudition, le regard arrêté par des oeillères, l'étudiante trop consciencieuse tue en elle le sens critique et l'intelligence même (...) dans les classes où des lycéennes préparent le concours de Sèvres, il règne une atmosphère étouffante qui décourage toutes les individualités un peu vivantes." Nat. Polony est du côté d'une "authentique émancipation des femmes", sa réflexion est "authentiquement progressiste", elle cherche la "liberté réelle et authentique". Outre que ces balivernes sonnent creux pour une femme vivant à une époque gâtée, n'ayant pas de souci matériel et se payant même le luxe de vivre avec un macho basque, elles rappellent d'autres "authentiques" délivrées généreusement par la maquerelle de Beauvoir (éventuellement chez le marginal Soral aussi). Ouf! on a échappé à "l'aliénation" qui faisait aussi partie du vocabulaire rebelle de la grande bourgeoise.

Le féminisme toc de Nat. Polony culmine dans une apothéose authentiquement mièvre d'une nouvelle humanité indéfinie... "ces pages (...) constituent un programme de reconquête (...) et portent en elles l'acte de naissance d'un nouveau féminisme." Rien que ça! "L'Homme est l'avenir de la femme... comme l'entend la langue française, décliné en homme ou en femme..." - "incluant l'homme et la femme dans une même idée de la personne humaine." Tout un bouquin pour en arriver à cet état d'indétermination complète qu'elle avait critiquée sévèrement ailleurs dans le livre. "Les femmes partageant avec les hommes des "loyautés positives", fondées sur une haute idée de l'être humain comme individu responsable et autonome... telle est sans doute l'idée que l'on peut se faire d'un véritable dialogue du féminin et du masculin." Egalant la prose soporifique de n'importe quel porte-parole socialiste, le plus beau morceau kikou du livre est là aussi une contradiction vivante car où peut bien être ce "dialogue du féminin et du masculin" dans cet "individu responsable et autonome", sorte de fiction juridique et pure indétermination?

La prétention du livre est à la hauteur de sa faiblesse conceptuelle. N'ayant pas dégagé que la notion d'Homme, d'humanité est une invention uniquement masculine, à destination des hommes eux-mêmes qui dominaient le monde et les femmes avec, il faut lire "L'Homme est l'avenir de la femme" comme une non-définition, la contradiction suprême d'une femme jouissant des acquis du féminisme sans même le comprendre, une critique intuitive des aléas de ce mouvement gênée par une pensée datée, non-renouvelée, entendue de façon brute.

Ne partant pas de la situation réelle des hommes et des femmes, les uns dévirilisés, les autres sur-féminisés mais tous frustrés, situation historique et dialectique comme dirait Soral, Elis. Badinter comme Nat. Polony en restent à des incantations à vide. En s'attardant à des "problèmes concrets" comme elles disent qu'elles prennent là aussi pour des problèmes éternels (salaires, violences), elles refusent mentalement de faire évoluer une pensée dont elles ne voient précisément d'ores et déjà pas les résultats collectifs ou sociaux dans la réalité présente. Il est donc juste de dire que la femme pense abstraitement, qu'elle ne fait pas le lien entre doctrine et réalité ou qu'elle est politiquement et socialement inconsciente. "La "féminisation de la société" paraît un thème plus noble que les conditions de vie concrètes de la plupart des femmes." dit Nat. Polony. Les conditions de vie concrètes des femmes ont eu beaucoup à perdre à travers le féminisme puis la féminisation, notamment les ménages stables et ce n'est pas une mesure technique comme une revalorisation des salaires qui comblerait le manque affectif immense des femmes d'aujourd'hui ou la déstructuration familiale.

A ce stade, il faut remarquer le côté génie manipulateur chez A. Soral qui n'a sans doute lu des livres de Badinter et Polony que le titre d'où il a tiré une fausse substantifique moelle; dans ses conseils de lecture d'octobre 2014, il parle de la première comme de celles qui "admettent aujourd'hui que leur combat féministe a été un faux combat, une erreur..." C'est tout l'inverse: Elis. Badinter attribue l'erreur aux féministes culturalistes ou différentialistes qui ont dénaturé le vrai mouvement féministe, selon elle. Dans un entretien de café mal filmé, à contre-jour (marque peunke) en mai 2009, la pipelette savoyarde, jamais à court d'auto-congratulation, range le livre de la seconde parmi les pâles copies de son immense ouvrage sur le patriarcat corrompu par la société marchande, le livre déjà cité. « une journaliste de Marianne qui a écrit un truc... l'Homme est l'avenir de la femme... qui finalement écrit la même chose que moi. » Or, "l'Homme" de Nat. Polony étant une pure indétermination, celle-ci ne plaide aucunement pour un retour des valeurs viriles et patriarcales.

Enfin, pour en terminer avec ce chapitre, je dois citer le livre récent d'une parfaite inconnue qui n'aurait jamais écrit que des rapports de femme ingénieur si elle n'avait eu... un bébé. L'effroyable imposture du féminisme (2014) dont le titre n'est guère original, faisant suite à une série des éditions Kontre-Kulture d'A. Soral, n'a justement aucune originalité: Lucie Choffey cite sans arrêt avec respect et application les propos d'A. Soral et d'E. Zemmour mais ce faisant, et sans se tromper, cette femme humble, pratique et proche d'elle-même, ayant je ne sais par quelle force de caractère jeté aux orties son statut de femme ingénieur pour passer à celui de femme au foyer accomplie, est, elle, au contraire de Nat. Polony, la preuve vivante que la féminisation existe. Sur le plan littéraire, Nat. Polony est plus drôle, plus intéressante que L. Choffey mais intellectuellement, c'est quasi nul. L. Choffey n'invente rien mais n'a pas de prétention correspondante: elle témoigne du fabuleux concours de mauvais esprits ligués contre l'arrivée même de son bébé. "Fière de ma grossesse, j'annonçais la bonne nouvelle à ma famille (...) Etre enceinte était comme si je leur annonçais que j'avais la plus terrible et indigne des maladies. Ils m'ont ainsi poussée à avorter dès mes premiers mots." Elle témoigne de la déliquescence d'une société liguée par on ne sait quelle irrationalité, contre la vie, sa propre perpétuation qui vaut bien les poils de barbe de Conchita Wurst ou le fameux et effrayant sondage cité par Zemmour sur l'envie fantasmée de 38% des hommes de vivre l'expérience de la grossesse ; (3) Nat. Polony ose dire que la féminisation caractérisée par un ramollissement général et la confusion des rôles, qui ont tout du signe historique morbide, n'est pas une décadence.

(1) Selon Natacha Polony, dans <u>L'Homme est l'avenir de la femme,</u> (2008).
(2) Ses études poussées ne l'ont pas empêchée d'employer le barbarisme "fashionvictimisation" ou d'écrire "le prémice", qui ne s'emploie pas au singulier...
(3) "Selon un sondage réalisé pour *Enfants magazines* en juin 2005, 38% des hommes voudraient être enceints si la technologie le permettait." <u>Le Premier sexe</u>

III

a) **Situation de mon propos** - Pourquoi le patriarcat serait-il supérieur au matriarcat? Je ne prétends pas répondre par l'absolu: les deux sociétés ont existé, coexisté même, sous des climats, sur des terres, selon des circonstances différentes. Les douces sociétés océaniennes qui ont prolongé pour certaines jusqu'au XXe siècle, un mode de vie paléolithique et que nous, les blancs européens, sommes allés bouleverser voire détruire, avaient leur raison d'être, leur noblesse, leur code d'honneur, un art de vivre qui paraissait inimitable. La différence sexuelle n'y était pas niée d'ailleurs même si les hommes, ostensiblement virils dans les joutes, la parure, les fêtes et même la guerre, ne l'étaient plus lorsqu'il s'agissait de découvrir, d'inventer, de dépasser les limites parfaites, berçantes, à la fois physiques et mentales de leurs îles maternelles.

Simone de Beauvoir encore a fait des remarques sensées là-dessus: "...beaucoup de primitifs ignorent la part que prend le père à la procréation des enfants; ils considèrent ceux-ci comme la réincarnation de larves ancestrales qui flottent autour de certains arbres..." - "Très souvent les enfants appartiennent au clan de leur mère, portent son nom, participent à ses droits et particulièrement à la jouissance de la terre que le clan détient" - "La propriété communautaire se transmet alors par les femmes..." - "mais en vérité cet âge d'or de la Femme n'est qu'un mythe" - "Terre, Mère, Déesse, elle n'était pas pour l'homme une semblable: c'est au-delà du règne humain que sa puissance s'affirmait" - "que le régime soit patrilinéaire, matrilinéaire, bilatéral ou indifférencié (...) elle est toujours sous la tutelle des hommes..."

D'où il suit qu'il est quasi impossible de donner une date à la naissance du patriarcat afin d'en accuser le côté historique, artificiel, non fondamental; la "hiérarchie des sexes" comme l'appelle de Beauvoir est soit éternelle, anthropologique, comme je le pense soit historique et relative comme aimeraient le démontrer des féministes qui pourtant ne le peuvent pas. A ce propos, Nat. Polony commence par se moquer des accusations anti-viriles faciles qui nous polluent l'atmosphère depuis trop longtemps: "La femme est l'héroïne des temps modernes, dont les multiples qualités et valeurs, tolérance, amour, créativité, humilité, rigueur... sauveront un monde corrompu par quinze mille ans d'oppression masculine et de valeurs guerrières. Amen." Au cours du livre cependant, ces quinze mille ans, parfois dix mille, qui nous ramènent à peu près au paléolithique supérieur, elle les fait siens: "La révolution de la contraception est passée par là... trente ans de revanche pour dix mille ans d'oppression", révélant le caractère absurde d'une doctrine de la table rase qui oppose bloc à bloc des périodes immenses où tout et rien s'est passé à la fois. De Beauvoir, elle, avait choisi de modifier la nature plutôt que l'histoire: "En vérité, pas plus que la réalité historique, la nature n'est un donné immuable."

Je prétends donc parler pour la France, sa géographie bien particulière, son climat, le mélange de races et de types anthropologiques qui la composent, sa vieille histoire, ses traditions qu'on ne peut changer d'un coup de dés sans la dénaturer, la faire mourir. Le patriarcat est y constitutif de nos dons, de nos possibilités: changer tout ça reviendrait à briser quelque chose d'essentiel. C'est le premier point, évident par lui-même. Les Etats-Unis ont peut-être un avenir en tant que société matriarcale (agressive), pas nous. Notre vieillesse, notre tendance à la sagesse (J. Chirac refusant de participer à l'opération irakienne de 2003) est mieux servie par l'autorité paternelle acquise par les années, après les bouleversements, les désillusions, les efforts accomplis, toujours plus ou moins fragiles. Cette dualité entre la vieille France et la jeune Amérique agressive se répétera, de toute façon.

b) **Vacuité intellectuelle du principe d'égalité sexuelle d'où découle la responsabilité limitée du féminisme** - Le féminisme en général, ne fait pas de distinction entre le pouvoir des hommes qu'il rejette ou conteste et le patriarcat. Amalgame douteux car patriarcat, de par sa racine latine *pater* signifie bien le pouvoir des pères et non précisément celui des hommes, de même que matriarcat signifie pouvoir des mères, ces fameuses familles "monoparentales" d'où sont exclus les hommes, ces mères célibataires qui monopolisent déjà l'éducation des enfants. Un macho rigolard, un dragueur patenté n'est pas la même chose qu'un patriarche rembruni par les responsabilités.

Je prétends, moi, qu'on passe d'un régime à l'autre mais qu'il n'y a pas de juste milieu, pas d'égalité. C'est pourtant ce que réclame sans arrêt tout promoteur du progrès. Les idées d'équilibre ou d'égalité sont des idées saugrenues, aussi bien individuellement que collectivement, qu'on ne retrouve pas dans la réalité. Le féminisme, avatar de l'égalitarisme le plus obtus, ne fait et ne fera jamais une autocritique sur ce point car ce serait lui enlever sa raison d'être; toujours à réclamer plus de droits ou plus de changements pour une société plus "juste", les féministes ne voient pas que l'équilibre a déjà été dépassé, ou plutôt n'a jamais été atteint, que le balancier penche du côté d'une société à la mentalité féminisée. Discuter des mérites intellectuels ou logiques de femmes mais aussi d'hommes qui opposent les sexes artificiellement, de passionnés pour ne pas dire névrosés qui nient la réalité biologique ou la reproduction des caractères sexués dans la société serait sans doute vain. Il y a quelque chose de profondément indigent dans cette théorie anti-naturelle qui ne voit pas les changements sociaux ou même civilisationnels qu'elle a contribué à provoquer.

Dans les pages qui suivent, je ne crois pas cependant que le féminisme est responsable de tout. Il n'est bien souvent qu'un discours, une justification de phénomènes qui lui échappent, qu'il ne comprend pas, qu'il ne cherche même pas à comprendre. La plupart des féministes américaines se sont exclues elles-mêmes des autres, constituant des groupes de femmes radotant sur les mêmes sujets; cette tradition qui a cessé en France, se poursuit encore dans les universités américaines. La faiblesse de caractère innée du féminisme, combat de faibles profitant d'une période de débilité des forts, entraîne sa relative indigence intellectuelle et son indifférence même aux changements qu'il provoque ou qu'il devrait justifier.

Simone de Beauvoir est certes un personnage exceptionnel; on trouve de tout chez elle: la culture, le jugement, le style rigoureux et détaché et même la folie (douce). Elle a une manière unique de se mettre à la place des hommes, de comprendre leurs pensées et même de les concevoir, tout simplement. Des féministes actuelles seraient offusquées par le détachement souverain qui semble habiter de Beauvoir; on pourrait trouver en elle autant de propos anti-féministes que féministes. A de multiples reprises, on sent clairement le mépris qu'elle a pour les femmes, pour son propre corps, le regret de ne pas être homme. (1) Certes, elle a aussi de nombreux propos de jeune fille naïve, ce qui est rassurant. Son style est mesuré, sans excès mais idéal; il est celui d'une philosophe qui se place à des années-lumière de nos existences, une philosophe qui singulièrement aurait oublié le désir sur Terre, comme on le lui a reproché; elle est l'avatar de ces hommes, ces républicains, hommes de science ou de lettres façon XIXe siècle pour qui l'action politique ou sociale, l'entreprise extérieure valait tout, la vie privée réduite à une portion congrue. C'est tout l'inverse aujourd'hui: nous sommes dans une période de Bas-Empire depuis les années 1960-70. Les hommes dont la vie privée fut malheureuse ou hachée (Jaurès, Clemenceau) avaient alors bien des compensations!

Je ne prétends même pas l'égaler avec ma sous-culture de bachelier des années 1990; mais ce que je voudrais montrer, c'est que l'incroyable qualité intellectuelle de

Simone, elle aussi trop rigide par ailleurs, est bien le produit d'une civilisation patriarcale de tout premier plan, la française. D'ores et déjà, les fémènes ne sont pas françaises, ne représentent rien de français; nous ne sommes plus en France. Il faut garder à l'esprit cette perspective historique lorsqu'on étudie toute doctrine: perpétuer le féminisme d'antan dans une France américanisée d'un côté, arabisée de l'autre, n'a plus aucun sens.

Le Deuxième sexe (1949) n'est pas exactement un bréviaire commode mais un lourd pavé de 950 pages et je doute que l'ensemble des Françaises l'ait lu! Nous avons à l'inverse aujourd'hui un féminisme totalement frelaté fait de petites phrases-slogans répétées sans qu'on y pense, dans la conversation ou sur internet. Les féministes font leur miel de ce qu'elles appellent des "idées reçues" mais en termes d'idées reçues ou de préjugés, le féminisme a été lui-même assez inventif! Je passerai en revue quelques notions et périphrases, toutes plus grotesques et médiocres les unes que les autres.

Les féministes veulent-elles bien le pouvoir des mères, en partie (mal) acquis, plus par la libération des moeurs, l'abandon des anciens devoirs, anciens rôles que par le féminisme lui-même? Combien êtes-vous à savoir, mesdames, mesdemoiselles qu'au sortir de la guerre (1945), il existait en France deux grandes associations féministes, l'une catholique (UFCS), l'autre communiste (UFF), toutes deux maternelles: toutes deux natalistes, toutes deux contre l'avortement? Des milliers de femmes adhéraient à ces associations à une époque où leur fut garanti le droit de vote (avril 1945). (2)

Ces associations ne remettaient pas en cause le patriarcat. Le féminisme post-soixante-huitard que nous connaissons encore est un féminisme compétitif, anti-traditionnel, anti-religieux même, agressif envers les hommes (ou le genre humain peut-être) et anti-nataliste. Cette fois, la remise en cause du patriarcat (ou "pouvoir masculin") est directe.

Comment se fait-il que nous ayons (au moins) deux féminismes aux buts et aux aspirations si contraires? Est-ce parce que les femmes sont compliquées et changent souvent d'avis ("Bien fol qui s'y fie" disait François Ier)? Mais à y regarder de près, le but du féminisme contemporain n'est pas de renverser le patriarcat. Bien trop arrogant, il n'est pas responsable de la libération des moeurs, pas totalement responsable des dégâts de cette libération qu'il n'avait pas prévus: mères célibataires, pères gadgets, enfants féminisés, faiblards, mollassons, éternels adolescents, relations décousues, perte de signification du mariage. La scolarisation obligatoire, l'élévation générale du niveau de vie a produit des effets pervers propres à toute société trop satisfaite d'elle-même, riche et impotente, comme l'illustre la fausse révolution que fut mai 68, révolte acnéique et esthétique, générationnelle, la première révolution bobote de l'histoire. Le féminisme là-dedans se contente de justifier tout ce qui passe, justifiable ou pas. C'est de cette manière qu'il se rend responsable, après coup. Le féminisme n'est pas responsable du fait que les femmes ont envahi peu à peu les emplois de bureau au cours du XXe siècle, par exemple. Simone de Beauvoir elle-même admet à l'époque du Deuxième sexe qu' "Aujourd'hui l'homme accepte généralement que sa compagne conserve son métier..."; trop révolutionnaire, son livre n'eut pas eu de succès.

Certes, Lucie Choffey et d'autres ont bien souffert du féminisme mais à part quelques tarées qui ont prôné le refus collectif de la maternité ou la matérialisation de la grossesse en dehors du corps féminin, toute féministe peut peu ou prou, faire la part des choses entre sa vie privée et son idéal. De fait, on trouve souvent chez les êtres humains une juxtaposition indifférente de comportements générés par la nécessité en contradiction avec des pensées issues de lectures ou d'une mentalité particulière. Comme à la Samaritaine, on trouve de tout chez de Beauvoir, notamment des remarques marquées au coin du bon sens: "Il est clair qu'aucune femme ne peut prétendre sans mauvaise foi se situer par-delà son sexe", ou: "on ne saurait sans mauvaise foi considérer la femme uniquement comme une travailleuse; autant que sa capacité productrice, sa fonction de reproductrice est importante, tant dans l'économie sociale que dans la vie individuelle", mais aussi des phrases terribles et stupides: "Par l'insémination artificielle s'achève l'évolution qui permettra à l'humanité de maîtriser la fonction reproductrice" - "Soustraite en très grande partie aux servitudes de la reproduction elle peut assumer le rôle économique qui se propose à elle et qui lui assurera la conquête de sa personne tout entière." L. Choffey a surtout souffert d'un féminisme dégradé, vulgaire, non sans lien avec le féminisme doctrinaire mais qui peut se résumer en quelques préjugés aussi imbéciles que tenaces: le travail comme suprême consécration historique, l'homme classe négativement dominante... Simone ne disait pas formellement et l'un et l'autre: "Cependant il ne faudrait pas croire que la simple juxtaposition du droit de vote et d'un métier soit une parfaite libération: le travail aujourd'hui n'est pas la liberté" - "elle est l'inessentiel en face de l'essentiel", "aussi loin que l'histoire remonte, elles ont toujours été subordonnées à l'homme: leur dépendance n'est pas la conséquence d'un évènement...", "même en songe la femme ne peut exterminer les mâles. Le lien qui l'unit à ses oppresseurs n'est comparable à aucun autre" - "L'être de la femme est opacité: elle ne se donne pas en face de l'homme comme un sujet mais comme un objet paradoxalement doué de subjectivité..." L'ambiguïté chez de Beauvoir est totale; la femme philosophe rigoureuse, parfois foldingue ne pouvait s'émanciper de son propre désir féminin de paraître, de céder.

Aussi bien Elis. Badinter que Nat. Polony sont mères mais cela n'entraîne pas de vues conformes; mère et mariée, Nat. Polony est néanmoins agacée par le retour du refoulé maternel chez les femmes. Tant pis pour elle. Elis. Badinter reste la conservatrice d'un féminisme vespéral tandis que Nat. Polony, plus sensible aux remous de l'époque, plus attirée par la lumière artificielle est la chroniqueuse d'un féminisme intuitif. Madame Badinter ne veut pas d'allaitement naturel, qu'à cela ne tienne! Mais le drôle serait de savoir si elle-même a allaité ses enfants et pourquoi préconiserait-elle pour les autres ce qu'elle ne s'applique pas à soi-même. Au Moyen-âge, période généralement détestée des féministes, les philosophes se demandaient quelle était la nature de l'Univers, s'il était possible de raisonner de Dieu, quelles étaient les limites humaines. Mais les femmes sont tendance et nous voyons depuis tout ce qu'elles ont apporté à l'humanité.

Le problème n'est évidemment pas purement intellectuel: c'est Nat. Polony qui représente le mieux le féminisme ambiant morose. Or celui-ci n'a pas de but, comme démontré, aussi bien intellectuellement que sur le plan pratique; les femmes d'aujourd'hui veulent tout et rien à la fois, accumulent relations hachées avec enfant ou sans enfant, déchirent leur mariage sans hésiter et professent des opinions courtes sans lien avec leur expérience. Elles veulent être mère à 100% mais sans souffrir, sans allaiter et sans pousser le futur landau, et femme avec toute l'équivoque possible et profiter encore de tous les acquis du féminisme. Les femmes, redevenues capricieuses telles les merveilleuses de l'après-Révolution ne font plus d'idéologie au juste. C'est Badinter qui est larguée.

Ne désirant ni renverser le patriarcat ni imposer le matriarcat, le féminisme contemporain se définit par un prurit idéologique, une opposition systématique au "pouvoir dominant" qui lui permet en définitive d'entretenir un élément constant de discorde, de fixer beaucoup de névroses, de noircir du papier et d'occuper quelques postes ministériels.

Le pouvoir des mères est acquis mais par défaut; c'est un résultat non souhaité, non décidé mais fatal, globalement négatif. Quelle mère célibataire est heureuse à quarante ans sans mari, sans soutien? Les féministes ne l'ont pas voulu car elles parlaient d'égalité et ne le commentent toujours pas car il contredit toujours leur chère égalité. Le féminisme est devenu prisonnier d'un concept inopérant sur le plan physique et biologique.

c) **Situation intermédiaire entre patriarcat et matriarcat** - A partir de là, je pourrais me dire qu'il n'y a pas de danger que le patriarcat disparaisse en France. Effectivement, nous disposons de façon latente d'une chance énorme de renouer avec le patriarcat. A la différence des Etats-Unis, société et pouvoir s'influencent et ne s'ignorent pas. La société est le juge du pouvoir; celui-ci en est fragilisé. Dans la psychologie des dirigeants, le peuple représente une menace. Dans mon propos, cela est un bien car cette tentation permanente de la révolution nécessite des réflexions hardies et un activisme particulièrement masculin (G. Marchais, JM. Le Pen, JL. Mélenchon). Depuis la chute de la monarchie, notre histoire politique est fragmentaire; nous n'avons pas trouvé de stabilité à l'anglo-saxonne mais à la réflexion, cela n'est pas tant mauvais.

Et puis, le pouvoir s'identifie au dogmatisme intellectuel régnant habituellement dans ce pays. Ca ne date pas d'hier: la Sorbonne condamnant Descartes comme contraire à l'aristotélisme en 1671 ou Louis XIV faisant détruire l'abbaye janséniste dépeuplée de Port-Royal en 1710.

Actuellement le politiquement correct règne: pensée dominante, convenue de "nouveaux curés" (Zemmour) qui croyaient détrôner une fois pour toute la morale traditionnelle au pouvoir. Ce sont des bobos libertaires comme dit Soral: philosophiquement à gauche, contre la tradition et économiquement à droite, pour un marché mondialisé, sans entraves. Ces gens-là ont besoin d'une nouvelle morale; le prestige intellectuel mâtiné de moralisme religieux a une grande importance en France. Nous avons eu ainsi depuis plus d'une quarantaine d'années une phase d'ascension de cette mentalité (années soixante-dix), un palier de triomphe politique (victoire de Fr. Mitterrand en 1981), une phase plus longue de stagnation, de glaciation, d'intolérance accrue de ces idées (années quatre-vingt et quatre-vingt dix) et il semble bien que depuis le début des années 2000, on en voit enfin la décrue!

La qualification de JM. Le Pen au second tour de l'élection présidentielle de 2002 avait signé la rupture entre la gauche et le peuple ouvrier; la non-ratification par le peuple français du traité constitutionnel de 2005 puis la victoire ambigüe de N. Sarkozy en 2007 face au féminisme de gauche furent des étapes, du moins en apparence, vers une contestation de l'héritage soixante-huitard anti-viril et anti-national.

Il est évident que N. Sarkozy n'a pas marqué son époque comme celle du retour de valeurs viriles; pour commencer, il n'a pas respecté le vote des Français, la loi référendaire, normalement incontestable: comportement formellement inadmissible d'un "adolescent romantique" (Zemmour) qui n'est pas étouffé par le symbole. Il a vaincu le féminisme électoral le temps de deux élections certes mais avec un discours hautement féminisé agrémenté de quelques piques antisoixante-huitardes.

A cause de lui qui n'a rien creusé de profond, le pays est maintenant la proie d'une coterie de fâcheux, de névrosés, de pruritaires qui accusent tous les défauts majeurs de cette mentalité d'adolescents bornés, devenue bâtarde et inopérante. Il paraît qu'Alain Finkielkraut est un "pseudo-z'intellectuel" de la part de la maîtresse d'école n°1 qui pense le monde avec sa date de naissance et son bac ES au rabais... Contrairement à l'adage de Françoise Giroud, les femmes médiocres se sont multipliées au gouvernement mais n'ont pas fait ressortir les quelques capables: non, elles sont, à l'image des hommes, majoritairement médiocres et témoignent de l'empire de la médiocrité générale. Alors même que la société n'en veut plus, féminisme, antiracisme confinant au rejet de son propre pays et à la subversion musulmane, défense inconditionnelle d'officines voire de milices communautaires juives à l'encontre des principes républicains sont des dogmes officiels et verbeux, des réflexes, masque subjectif d'une réalité qui échappe quasi complètement aux promoteurs du "progrès". Il faudrait un autre livre du reste, pour définir le sens du progrès, dans un pays gavé, où les vieux sont riches et les jeunes pauvres, à la population dégénérée, assistée, incrédule et inculte.

Il y a donc un rapport dialectique entre société et pouvoir, le pouvoir étant appuyé par l'ensemble médiatique. Cette façon du pouvoir de se maintenir à travers les apparences du discours intellectuel et moral clarifie les choses, souvent en deux camps grossis et artificiels. C'est encore un trait de notre patriarcat. La validité du discours "d'en haut", l'exemplarité du dirigeant, les Français y sont sensibles. Lorsque la réalité économique et sociale n'est pas saisie, appréhendée correctement, sans passion, pour l'amener à un changement convenu, le discours idéologique du pouvoir se fait impotent et vide. Il n'est plus relayé par les faits, les résultats économiques, les comportements exemplaires. La société le sent, l'éprouve.

d) **Dégâts de la mentalité soixante-huitarde** - C'est bien parce que nous fonctionnons comme une machine déréglée qu'il faut en revenir aux principes du patriarcat.

Il est à prévoir que les femmes changent complètement d'avis sur le féminisme dans quelques années ou décennies et que la mentalité soixante-huitarde disparaisse. L'anti-féminisme américain est déjà apparu, je l'ai noté, en grande partie opportuniste, dans un pays néanmoins où les "féminazies", puritaines paranoïaques et bitophobes (3) ont pignon sur rue. Le premier amendement garantit la liberté à tous les débiles moyens de s'exprimer. Les Etats-Unis ne souffrent pas d'autre part de la dépopulation comme par chez nous.

La jeune génération est déjà plus morale, demande des repères traditionnels, ne veut plus du chambardement hasardeux de jouisseurs qui se firent passer pour des démocrates mais qui, en autocrates du désir, ne supportaient aucune contestation exceptée la leur. A cause d'eux, à cause de cette mentalité de jouisseurs immatures qui inclut le féminisme contemporain, c'est l'autorité qui a pris les coups les plus durs et les valeurs discrètes et immatérielles du patriarcat dont évidemment, on n'avait pas mesuré l'importance ni la réalité: politesse, respect, pudeur, admiration, patience. A la place: des consommateurs impatients, des automobilistes impatients roulant sur les trottoirs, des pendus-au-téléphone racontant leur vie dans la rue, chez la boulangère ou dans le train, des enfants-consommateurs à la fois frustrés et mal-élevés, qu'ils soient bobos ou groseilles, des images impudiques disponibles très tôt, très facilement, un désir des jeunes hommes réduit en conséquence à de la frustration permanente, cette frustration compensée d'ailleurs par un jeunisme autorisant ces mal-élevés à le rester très longtemps, une fausse bonhommie, fausse convivialité, de faux rapports égalitaires au travail issus en droite ligne du jeunisme, l'élévation des médiocres sans admiration autre que pour soi-même (Meissier, Sarkozy), la vie vécue faussement comme un jeu, une fête par les bobos alors que les inégalités sociales se sont formidablement accrues.

Tout ça peut être rapporté à une seule cause: l'absence de maturité, de modèle masculin transcendant, de règles généralement respectées quoique tacites. La seule transcendance est masculine: de Beauvoir l'avait compris, pas Nat. Polony. Le féminisme apporte à cette culture du "moi-je" (4) sa touche pittoresque et son dérèglement ultime: "toute puissance" (5) de la jeune femme occidentale croyant pouvoir tout achever et tout atteindre dans la vie (études, carrière, opinions propres, famille unie, sexualité épanouissante, enfants heureux) et qui obtient soit la solitude avec la carrière, soit les enfants à élever seule; elle se retrouve lamentablement sur les sites de rencontres à 30, 40 et 50 ans, toujours en recherche, toujours larguée, insatisfaite. Les hommes sont immanquablement les coupables: malhonnêtes, jouisseurs, insincères, avares. Certaines se résignent, d'autres poursuivent jusqu'au bout leur rêve de pucelle romantique vieillie; aucune n'oserait penser contre la féminisation ambiante, origine de leur solitude aggravée. Les jeunes filles masculinisées ("Tu me casses les couilles") et irréelles côtoient les minets fluets, féminisés en bloc, esclaves de l'idée de l'amour la plus gluante et du portable à écran. Les valeurs féminines comme dit Zemmour couronnent une immense cour de récréation dans laquelle les hommes n'osent plus être et même paraître.

Les femmes se débrouillent, se plaignent d'une situation dont elles sont évidemment, en grande partie responsables, aidées en cela par la ronde des psychologues amateurs et animateurs de radio: tromper n'est pas grave, c'est juger qui est mal. La société féminine ressemble au caractère féminin: un immense bavardage, une intériorisation stérile voire nocive des problèmes, une auto-culpabilisation permanente, bref, pas d'action, pas de réflexion approfondie, pas d'autorité morale paralysant les désirs et libérant l'énergie.

C'est à la fois l'état mental et politique du pays:

l'immobilisme cent fois dénoncé (N. Sarkozy ne supprime ni RMI ni ANPE mais les renomme), une action politique quasi impossible liée à la perte de souveraineté, partant de prestige, une justice faible et déréglée (prison pour les gens vaillants qui se défendent), inefficace, faîte de peines jamais achevées, une police grignotée elle aussi par la féminisation dans un monde interlope qui lui ne prend pas de gants. Le drame de Collobrières (2012, Var) rappelle cruellement l'infériorité physique voire mentale de la femme face à un homme déterminé: frappant négligemment à la porte d'un bandit multirécidiviste arabe, deux gendarmettes se firent désarmer et abattre à l'aide de leur propre arme, l'une dans l'immeuble, l'autre jusque dans la rue. On est là loin des Clarence Starling, des agentes intrépides et sequsies de la CIA (Angelina Jolie dans *Salt*: il faut voir cette duperie à l'état pur) et autres fliquettes de la télévision, type *le Commissaire est une femme* (aux cheveux roux). On est là dans la réalité.

Dans une société patriarcale en état de marche, je suppose qu'on n'aurait jamais envoyé ces deux femmes frapper à la porte d'un fou dangereux. Leur supérieur direct n'a même pas été destitué; c'est idem dans l'affaire Merah où de lourdes erreurs ont pourtant été commises.

(1) Version soralienne: "Cette description apocalyptique (...) révèle à l'évidence le point de vue d'une adolescente proche de l'anorexie mentale..." Vers la féminisation
(2) Il s'agit de l'UFF (Union des femmes françaises) communiste avec 627 000 adhérents en 1945 et de l'UFCS catholique de 1947.
(3) Susan Brownwiller, Catherine MacKinnon ou Andrea Dworkin, citées par Elis. Badinter. "Bitophobe" est un emprunt à P. Desproges.

Cath. MacKinnon voit des violeurs partout: "44% des Américaines ont subi un viol ou une tentative de viol..." affirmait-elle.

(4) Expression d'A. Soral qu'il oppose aux "petites gens", dans l'émission internette radiodiffusée *Le libre teamspeak* du 8 janvier 2012. "la culture du moi-je", "culture de la désocialisation, de l'amoralité, de la perte de sens civique..." - "Il y avait dans le temps (...) le monde de ce qu'on appelait les petites gens et les braves gens qui étaient fondamentalement des gens humbles parce qu'ils admettaient qu'ils n'étaient pas grand chose."

(5) Expression de Jean Gabard, historien-géographe dans l'émission *Tant qu'il y aura de la vie* sur Direct 8, nov. 2007.

a) **Impotence de la génération soixante-huitarde** - Le patriarcat n'a pas disparu en France mais il est amenuisé, affaibli et mal compris. Dans la loi, le père n'existe même plus, remplacé par "parent" qui n'a pas de sens au singulier ou réduit au "sexe", des termes interchangeables, équivoques. Simone de Beauvoir le rappelle, la gent féminine était "le sexe", sous-entendu le "beau sexe", soulignant par l'agréable la dépendance de celui-ci au sexe fort: "ainsi on l'appelle "le sexe" voulant dire par là qu'elle apparaît essentiellement au mâle comme un être sexué..." Aujourd'hui le Sexe a perdu de sa superbe et est vraiment devenu le sexe faible; ne liant plus la séduction dans un rapport fondamental à la maternité, à la vie, elle ne tire de sa féminité qu'une vanité puérile étalée sur internet, que des hommes encore plus puérils jouent. Anne d'Autriche ne dut-elle pas, au-delà de 1637, la prolongation de sa présence en France à sa seule capacité de grossir et d'enfanter le dauphin, elle qui avait correspondu avec l'ennemi en pleine guerre, son frère Philippe IV? Ce qu'une femme moyenne et moyennement féministe trouverait réducteur, c'est ce qui sauva non seulement Anne d'Autriche de la relégation dans un couvent suivi d'un divorce en bonne et due forme mais qui la transforma également en plus française que française, après la naissance du dauphin Louis Dieudonné. "Il est très probable que si elle n'avait pas eu deux enfants mâles, elle n'aurait pas agi comme il est vraisemblable qu'elle l'a fait en 1642, lors de la conjuration de Cinq-Mars" écrivit Pierre

Chevalier, biographe du roi Louis XIII. De même, Jean-Christian Petitfils: "L'instinct maternel lui avait communiqué la fibre patriotique, son accession à la régence lui donna le sens de l'Etat." (1) Cette transformation mentale d'une princesse espagnole portée inconsidérément à la trahison, c'est au rôle social de la maternité qu'on le doit.

Le premier intérêt d'un retour politique voire social du patriarcat serait de terrasser enfin cette génération vorace et destructrice que furent les soixante-huitards, de mettre Cohn-Bendit en prison pour le restant de ses jours ou d'enquêter au minimum sur lui, qui avait ouvertement exprimé sa pédophilie dans l'émission *Apostrophes* d'avril 1982 ("La sexualité d'un gosse, c'est absolument fantastique... faut être honnête, sérieux... J'ai travaillé avec des gosses qui avaient entre quatre à six ans. Vous savez, quand une petite fille de cinq ans commence à vous déshabiller, c'est fantastique..."), sans autre réaction molle que celle de Paul Guth, faisant semblant de ne pas comprendre, par gentillesse, avec le silence obstiné de B. Pivot, ravi apparemment d'inviter des pédérastes élégants (G. Matzneff par exemple, en 1975 et 1990), aux talents si variés. Cette génération a monopolisé les places, s'est installé dans les mentalités, à l'éducation, dans la justice, dans la culture, renversant celle dite classique pour nous proposer le blasphème, la provocation anti-bourgeoise permanente, le geste adolescent, la spontanéité dont on se croit investi plutôt que la réalisation issue d'un apprentissage, l'impulsion censée être créatrice mais qui n'étant liée à aucune transmission, n'élève pas elle-même, ne transmet pas, n'éduque pas, ne transcende plus, n'étonne plus, ne décrit même rien. L'art "merdique" ou nihiliste est une partie de l'art moderne depuis M. Duchamp et Dada. Aujourd'hui, les "artistes" se plaisent à faire caca comme des gamins, à vomir des couleurs sur la toile; leur narcissisme pathologique atteint ses limites, sans aucune digue.

Auraient-ils le cran et la manière de nous libérer l'espace, en organisant des joutes sanglantes entre eux ou d'artistiques suicides collectifs? Une petite tuerie entre artistes sponsorisés par le ministre de la Culture, ça aurait de la gueule!

Cette génération s'est prise pour le centre du monde ("On voulait jouir. On se croyait géniaux, on était juste égoïstes", Th. Ardisson) (2) et a écrasé les générations suivantes, tout simplement en rompant la transmission patriarcale traditionnelle, une chaîne millénaire. Eux étaient des démiurges géniaux, ils n'avaient plus besoin de leurs pères, trop gaullistes, trop communistes ou trop vieux. Enfants gâtés attirés par l'Amérique, les soixante-huitards n'avaient pas de dons si originaux ou si complets. Je ne remarque aucun écrivain d'envergure chez eux, aucun scientifique, aucun politicien de premier plan. Les plus talentueux furent des sportifs: Gérard d'Aboville ou Alain Colas (voile), Jean-Claude Bouttier (boxe), François Cévert (course automobile), Guy Drut (course), Bernard Thévenet (vélo), un artiste ou deux (Jacques Higelin); les plus médiocres les trois sauvageons de l'année 68 (Cohn-Bendit, Sauvageot et Geismar) et l'inamovible BHL, né en 1948 en Algérie dont ni la prose journalistique ni la pensée cabalistique ne resteront.

Alain Geismar comme Jacques Sauvageot ont été recyclés à l'Education nationale, le premier comme inspecteur général avec le mérite qu'on devine, qui s'est encore rendu utile au maire de Paris dans les années 2000. Un autre de ces pédagogistes, mentionné par JP. Brighelli dans son livre <u>La fabrique du Crétin</u> : (3) Ph. Meirieu, né en 1949, serait selon *Libération*, le "pédagogue le plus lu et le plus écouté de nos gouvernants", (4) ce qui n'a rien d'étonnant. La faillite de l'école, bien analysée, dûment constatée, est le résultat le plus net de cette génération. Eux ont profité d'une instruction classique, à la papa mais pour les suivants, "des modes d'emploi d'appareils électroménagers" (5) et du rap suffisaient. "L'homme moderne pense qu'il est ce qu'il fait de lui et non pas ce que son passé fait de lui... la subjectivité contemporaine ne s'accepte plus comme débitrice" conclut le pseudo-z'intellectuel A. Finkielkraut. (6)

Ayant rompu la transmission paternelle, en se croyant les inventeurs de tout, les soixante-huitards ont logiquement abaissé les maîtres et transformé l'instruction française, la meilleure au monde, selon les dires de Nikita Krouchtchev en une sur-éducation-sous-instruction aux contours flous, aux programmes trop légers, éparpillés, avec des enfants et des élèves pourris moralement et angoissés. A soixante-huit ans, Cohn-Bendit fait toujours le zozo, l'imbécile face à A. Finkielkraut qui lui donne la réplique: "Il peut pas s'empêcher d'être dans une AG et d'interrompre tout le monde. 68, c'est fini! Alors maintenant, tu la fermes! –

Ohlala, monsieur le professeur, soyez poli avec vos élèves... vous êtes d'une violence qui m'intimide, qui m'intimide..." (7)

Cette fois encore, en entrant massivement à l'Education nationale, les femmes sont venues signer en dépit de leurs capacités ou de leur bonne volonté, un processus d'abrutissement et de dépérissement. Je ne mets pas en cause la qualité personnelle de beaucoup de femmes professeurs ou d'institutrices mais il faut remarquer que dans les secteurs importants qui touchent la société et même à l'avenir de la nation, les femmes, en tant que groupe massif, ne font qu'appauvrir et abêtir le secteur en question. La présence massive des femmes et leur promotion à des responsabilités autrefois dévolues aux hommes ne sont intervenues que dans des secteurs qui ont perdu simultanément de leur sens, régressé ou ont été amoindris financièrement: la politique en général, l'instruction, la justice, l'information, la police. "Les femmes investissent la politique au moment où il y a de moins en moins de pouvoir et de moins en moins d'argent..." - "Les femmes conduisent quand la vitesse est limitée; elles fument quand le tabac tue... elles ne détruisent pas, elles protègent. Elles ne créent pas, elles entretiennent. Elles n'inventent pas, elles conservent... Elles ne transgressent pas, elles civilisent." (Zemmour) Autant dire que le comportement collectif féminin n'a jamais existé dans le sens que voudraient lui prêter les féministes: de là la responsabilité limitée du féminisme dont je parlais. Mais ceci ne s'applique pas aux secteurs naturellement féminins qui n'ont pas fait l'objet d'une entreprise féministe: je n'ai aucune objection à ce 98% des infirmiers soient des infirmières. Le service n'en est que mieux rendu. Il est à noter enfin comme le fit A. Soral, le parfait équilibre à la fois professionnel et humain chez les artisans et commerçants où les tâches sont réparties naturellement selon le déterminisme sexuel (conception-fabrication-préparation/secrétariat-vente-service);　　leur travail en commun est aux époux une confirmation de leur entente dans le mariage, chose que n'a jamais abordé de Beauvoir, par exemple.

Je crois que si la société patriarcale doit être remise en route, ce le sera grâce aux femmes qui auront enfin compris l'inanité du féminisme, le danger mortel de la féminisation, l'illusion de l'égalité sexuelle et la nécessaire dévolution aux hommes des tâches essentielles. Je précise que ces hommes devront être eux aussi soumis à la loi du père, c'est-à-dire au patriarcat: ils devront renouer avec les devoirs d'antan, devoirs civiques, familiaux, professionnels. La responsabilité est un devoir.

Le patriarcat certes ne traite pas hommes et femmes à égalité; mais l'infériorité admise de l'une est compensée par la supériorité morale apprise de l'autre, cette supériorité (prévoyance, persévérance, conséquence) que les femmes ne trouvent plus chez les hommes. C'est ce mythe égalitaire qui est faux et qui a entraîné la remise en cause du patriarcat sous de multiples formes.

b) **Impossibilité pratique du matriarcat** - Enfin, pour en terminer avec ce thème, je ne peux arguer de la supériorité du patriarcat que par rapport à nos exemples historiques, que par rapport à un long processus de décomposition appelé la féminisation. Mais ceci, comme je le disais, n'est pas la preuve définitive, intellectuellement parlant, de cette supériorité; de fait matriarcat et patriarcat font plutôt bon ménage, comme aux Etats-Unis actuellement. Le "pouvoir des femmes" a existé et peut parfaitement coexister avec un pouvoir politique, symbolique, structurel dévolu aux hommes: mais encore faut-il que les femmes cessent de prétendre participer à ce dernier.

Le retour du refoulé maternel qu'ont constaté aussi bien Elis. Badiner, E. Zemmour et Nat. Polony est une partie évidente et indispensable de ce pouvoir féminin; mais là encore faudrait-il que les femmes procréent à nouveau selon l'utilité sociale et non selon la vanité ce qui est dire la même chose qu'avant: l'utilité de la grossesse ne peut être admise par la mère que si le père domine la famille. Nat. Polony a écrit quelques lignes bien senties là-dessus: "Comme on réussit un examen, comme on réussit sa carrière, comme on réussit même sa vie, on se doit de réussir son enfant..."; ce qui est drôle, c'est que techniquement, mot à mot, le lien est fait ici entre les tendances prométhéennes récupérées par les femmes et ces explosions de vanité maternelles mais mentalement, Nat. Polony ne fait pas ce lien. Elle accusera tantôt les femmes de tomber dans une "forme d'aliénation", désuète expression beauvoirienne pleine de charme, ou alors une vague "évolution majeure dans les sociétés occidentales" qui "concerne avant tout le rapport des individus à la possession, au désir et au besoin" ou même une encore plus vague "conjonction entre évolution technologique et pensée politique": on est bien avancé comme ça. Encore une fois, Nat. Polony n'admet pas la féminisation.

Si l'on veut avoir un aperçu de ce que pouvait être "l'aliénation" profonde des mentalités vis-à-vis de la maternité à une époque donnée du féminisme, reportons nous à l'émission *C'est mon choix* de mai 2000 (8) qui avait invité outre A. Soral, une jeune mère au foyer de cinq enfants face à une parisienne carriériste de 37 ans, sans enfant. Quelques réactions du public suffisent à cerner l'hostilité générale vis-à-vis du maternage, Sophie, la mère au foyer, se faisant huer dès qu'elle parle d'ailleurs. Le principe de l'émission était que le public était aisément partie. "On peut pas comparer une femme et des enfants, c'est n'importe quoi!" peste une jeune femme tandis qu'un jeune gus avec sa petite moustache demande à Sophie, dégoûté: "Vous vous considérez comme quoi: un objet ou un animal?" Comme toujours en France, la pensée s'était faite dogme religieux. Cependant, les choses ont bien changé depuis mais plutôt superficiellement car tout le monde n'est pas cette Sophie ou Lucie Choffey...

On aimerait avoir quelques nouvelles de la carriériste, Christine qui doit avoir 52 ans aujourd'hui, savoir si elle adore toujours son travail dans la pub comme elle le disait et si elle est si "épanouie" que ça d'avoir compté uniquement sur le travail et pas la famille ("Je m'épanouis, je vois plein de gens, je m'enferme pas dans ma petite famille"). Sans mesurer que Sophie ne disait rien de que très raisonnable ("Le travail, c'est pas une fin en soi. Une femme peut très bien avoir une vie sociale pas forcément en passant par le travail" - "Je pense qu'à partir du moment où elle a des enfants, elle devrait momentanément arrêter sa carrière parce qu'il y a des tas de choses qui en découlent"), le public prenait fait et cause pour une justification mortifère et morbide du féminisme qui n'était pas celle de Simone de Beauvoir. La femme devenue mère se confond avec la vie disait-elle; c'est une "réalité équivoque", aussi bien oppressante du côté du corps que libératrice du côté social; la femme ordinaire trouvera naturellement un "engagement" dans la maternité à moins de tomber dans la "mauvaise foi"; ce vocabulaire existentialiste s'accordait encore à la société patriarcale.

*

Lucie Choffey ne dit mot de son père; à peine apparaît-il dans l'expression "mes parents". C'est sa mère qui gâte la fille en la délivrant des travaux ménagers, c'est sa mère qui fait d'elle, apparemment, une bête à études... "mes bulletins étaient exemplaires, ce qui la rendait extrêmement fière..." Ensuite, elle parle de la réaction de sa famille lors de l'annonce de sa grossesse: "Ils ne cessèrent de me répéter que j'allais "droit dans le mur", que "ma vie était finie" (...), que, si je gardais cet enfant, "toute ma vie serait désormais gâchée..." Use-t-elle d'un euphémisant "ils" pour dire: sa mère? Elle n'a pas dit si elle avait des frères et soeurs et l'expression "toute ma vie serait désormais gâchée" fait bien référence aux années d'efforts passées, aux encouragements maternels pour la réussite de sa fille. Plus loin, elle écrit même: "Ma mère, dépitée, me répétait: "Tu ne feras jamais plus qu'un bac+2?" Plus loin encore, elle traduit par "on" ce qui est vraiment l'attitude de sa mère peigne-cul: "On me reprochait de ne pas m'occuper assez de mon fils et de mon foyer..."

Le père est absent du livre mais dans la psychologie de L. Choffey, il est bien là et c'est lui qui a sauvé l'enfant (un garçon, en plus) de la mentalité d'avorteuse de sa mère: autrement dit, L. Choffey a endossé le rôle du père face à l'inquisition verbale de sa mère; c'est elle qui a arrêté sa mère, a posé les limites. Sa mère lui avait appris la vanité, son père, probablement quelque chose de plus fort qui n'apparaît pas dans le livre.

A la fois, je le comprends et le déplore: dans sa dénonciation tout entière du féminisme invisible et installé, L. Choffey joue encore au "mec" en colère; elle ne peut se laisser aller à être plus personnelle. De fait, nous ne savons pas où elle a grandi, quels établissements elle a fréquenté, où se situèrent ses premiers emplois, au bout de combien de temps avait-elle décidé de quitter son poste important d'ingénieur? En se retranchant derrière des citations, des formulations impersonnelles, en fabriquant même de petits sondages avec son entourage, elle enterre toute expression personnelle, redevenant peu à peu la femme ingénieur qu'elle était.

Soit que le père de L. Choffey ait vraiment compté dans cette histoire, soit que celle-ci se soit inexplicablement révoltée contre un destin pour lequel elle avait été conditionnée, le féminisme anti-maternel issu des vociférations type MLF a ici été vaincu; illustration ad hoc que les idées, particulièrement celles qui se veulent théorie sociale, trouvent leur négation à travers l'histoire, à travers ceux justement que l'on désigne péremptoirement comme les acteurs attendus du changement. Le désir est le grand ennemi du féminisme, et au-delà, des idées.

D'autre part, cette petite histoire ne nous montre-t-elle pas l'impossibilité pratique du matriarcat? Comme ces femmes politiques (Martine Aubry) (9) qui séparent l'action du pouvoir pour privilégier le premier terme mais sans réaliser que l'action est dans le pouvoir, que leur séparation ne dénote que la disparition du pouvoir ou comme le projet ridicule et sûrement humoristique de Nat. Polony de renouveler le féminisme à partir d'une non-définition ou de la juxtaposition abstraite des sexes, on se demande si les femmes comprennent quelque chose à la domination qu'elles font mine d'exécrer ou qu'elles combattent mais complètement fascinées comme de Beauvoir? Dans ces conditions, comment une caste aussi étrangère à la notion même de pouvoir pourrait-elle prétendre l'exercer?

Combien de temps a mis Marine Le Pen pour se débarrasser du "Vieux" et encore, de façon absolument non-autoritaire et démocratique, c'est-à-dire impersonnelle ? (10) Ses "lieutenants" (11) osent dire qu'elle a agi en chef d'Etat: s'il lui faut plusieurs années pour prendre chaque décision en organisant à chaque fois un référendum, on n'est pas couché! Marine Le Pen n'est pas devenue "le fis de son père", pour reprendre une prédiction d'A. Soral.

Dans mon petit village bourguignon, la nouvelle mairesse depuis 2014 ne peut s'empêcher de serrer fort la main tout en ayant pondu un règlement sur les nuisances sonores, notamment les tondeuses, fait d'horaires compliquées et changeantes, parfaitement inopérant. Nat. Polony rappelle avec raison quelques-unes des nombreuses figures féminines du pouvoir, histoire de clouer le bec aux gogos béats du féminisme et de l'histoire moderne commençant à la date de leur naissance. Toutes ont été structurées par le patriarcat; toutes étaient proches du pouvoir; beaucoup ont agi avec encore plus de dureté, de cruauté que les hommes: Indira Gandhi ou Margaret Thatcher pour prendre des exemples récents. Le pouvoir ne leur était en principe pas permis mais pas impossible; ainsi seules les femmes vraiment élevées dans le souci de les confronter à la dureté des affaires politiques y avaient finalement accès ce qui est mieux que le contraire. Le patriarcat n'a pas empêché les femmes qui le pouvaient d'exercer le pouvoir, il a même été l'unique condition de leur élévation. La prolifération des femmes actuelles dans nos démocraties justifiée par la douceur de nos moeurs correspond à une fuite de la réalité du pouvoir vers une entité supra-nationale (Union européenne) ou les compagnies d'envergure mondiale; en jouant sur les niches fiscales, Total ne payait pas d'impôt français sur les sociétés en 2010-2011. (12)

Une société matriarcale aboutie posséderait en outre les traits que nous discernons déjà dans la société féminisée: le flicage d'ensemble d'une société anarchique et l'impuissance politique aussi bien que créatrice, une mollesse généralisée dans les mentalités répercutée par un gouvernement masochiste et servile. Nous voyons clairement du reste que les hommes se chargent très bien de déconsidérer leur propre virilité; leur souplesse n'a d'égale que leur hypocrisie sans doute. Mais l'homme est l'essentiel face à l'inessentiel, pour reprendre le vocabulaire beauvoirien: c'est l'homme qui a aidé au féminisme doctrinaire (Léon Richer), (13) c'est l'homme qui s'est volontairement avachi devant la supériorité devenue spontanée de la femme. E. Zemmour le note: "Volonté de l'homme blanc de sortir de l'histoire, en spectateur effrayé de sa propre histoire, grandiose et sanglante" - "Il me semble en revanche que la plus grande résistance (au redressement) viendra des hommes, trop contents de s'être enfin débarrassés du fardeau qui court entre leurs jambes." Zemmour qui est philosophe à sa manière, voudrait croire en l'histoire à nouveau et croire aux possibilités masculines; la pensée utopique et volontariste qui nous domine, refusant les notions de destin et de déterminisme, veut arrêter l'histoire et réformer l'anthropologie! C'est impossible.

L'homme occidental ne joue-t-il en effet pas un jeu, tel que le remarquent les féministes d'ailleurs? "La plupart n'ont pas joué le jeu de l'égalité" se désole Elis. Badinter; elle ne comprend pas "l'inexplicable inertie des hommes" qui ont du mal à se trouver grandis par l'habitude de tenir un balai ou de faire la vaisselle. Avouer de la part d'une féministe que l'homme "ne joue pas le jeu" est avouer qu'on attendait tout de sa bonne volonté, est avouer que d'elles-mêmes seulement, les femmes ne pourraient rien et qu'ainsi, elles ne représentent pas une classe vouée à se libérer... "s'ils

acceptaient d'aimer au lieu d'une esclave une semblable –
comme le font d'ailleurs ceux d'entre eux qui sont à la fois
dénués d'arrogance et de complexe d'infériorité..." plaidait
elle-même de Beauvoir vers la fin de son livre; il lui était
sans doute plaisant de fréquenter en petit groupe de tels
êtres raffinés; je ne suis pas sûr qu'elle apprécierait pourtant
la multiplication actuelle de ces traits à la gent qu'on a
peine à appeler encore "masculine". L'homme s'émancipe
de la nature et est la condition de l'émancipation partielle
de sa compagne; celle-ci beaucoup plus rivée à la nature
que son compagnon ne peut rivaliser en pensée et en action
avec un tel don. Le but de l'homme est d'intégrer la femme
à la civilisation que lui seul crée et pourtant de la dominer
car elle lui rappelle la nature qu'il a quitté. L'éloignement
masculin de la nature produit chez lui un tempérament
théâtral; la femme est beaucoup plus la prisonnière de la
nature: elle est aussi plus stable d'identité. La lucidité est
poétique chez de Beauvoir: "Il l'exploite mais elle l'écrase,
il naît d'elle et il meurt en elle; elle est la source de son être
et le royaume qu'il soumet à sa volonté..." Mais tous ces
mouvements: don d'émancipation masculin, dépendance
féminine à celui-là seul qui crée la culture, domination
nécessaire à l'homme d'un être qui lui apparaît comme
semblable et lointain sont des mouvements qui échappent
totalement aux protagonistes. Si le désir est sournoisement
l'ennemi du féminisme, l'inconscient historique,
aujourd'hui le retour du refoulé maternel par exemple,
devrait rappeler aux adeptes illusionnés de la volonté
prométhéenne que l'homme a trahi sa condition initiale et
qu'il souffre des passions jetées dans sa poitrine, des visions
de son cerveau. Homme et femme souffrent tous deux de

l'absence de cette union initiale qui existait au Paradis... seul le Paradis réalisait l'égalité dans l'inconscience de vivre pour l'éternité. Or, l'histoire est l'expulsion du Paradis pour paraphraser E. Cioran.

*

La démission historique de l'homme, je le remarque parfaitement chez mon père, issu du baibie-boum, dans un double mouvement de révolte inaboutie contre son propre père préfigurant les générations d'éternels adolescents qui ont suivi les années soixante-dix, et d'asservissement spontané au génie féminin; mes parents étaient des banlieusards passés au fin fond de la campagne auvergnate à la faveur de la vogue hippie. Ma mère, institutrice, comme on disait alors, qui s'intéressait à la diététique, la nourriture saine, la médication naturelle et tout le tintouin, était la véritable éducatrice de la famille avant... et après le divorce. Mon père n'a jamais tenu à nous imposer sa vision des choses ("Tu feras ton expérience", "Je ne veux pas être un père fouettard"); il était même trop faible pour punir. Réfugié dans un moi douloureux, il a oublié de nous éduquer, subissant par contrecoup les plaintes ultérieures interminables d'adolescents et de "jeunes adultes" déstructurés.

Bien sûr, mon père comme L. Choffey n'étaient pas seuls: à l'orée des années soixante-dix après la grande crise de 1968, une vague irrésistible emportait la virilité. Au milieu des années 2000, 35 ans après, L. Choffey et bien d'autres, comme par miracle redécouvraient la maternité en tant que telle, pas en tant qu'accessoire de la battante féministe moderne; ce retour du refoulé maternel effrayait nos prudes vestales Elis. Badinter et Nat. Polony: "on voit réapparaître le mythe de l'instinct maternel sans que nul ne s'interroge" ou "Le fameux "bon sens" cher à l'opinion retrouve ses droits après des décennies de remises en question et de déconstructions". Mythe de la féminité pour de Beauvoir, mythe de l'instinct maternel pour Badinter: tout est mythe, artifice, faux-semblant pour ces précieuses; les femmes ordinaires veulent plus simplement se libérer des mensonges tarabiscotés du féminisme et surmonter le malaise que leur procure une société par trop féminisée et déséquilibrée... "Et l'obsession que mettent nombre de femmes de lettres d'aujourd'hui à n'étaler dans leur écriture que les variantes de leurs émotions "de femme" (mes déceptions amoureuses, ma grossesse, mon bébé...) perpétue savamment cette répartition des rôles: aux hommes l'universel, aux femmes les histoires de femmes." Nat. Polony, tout en n'acceptant pas l'état de fait qu'elle décrit et la solitude de l'intellectuel face au troupeau, pousse la réflexion le plus loin: "Ou comment les femmes se font les complices objectives de leur maintien dans l'ordre de l'altérité." Quelle horreur: faire partie de l'ordre de l'altérité! "Les hommes, eux, peuvent s'affranchir de l'animalité, les femmes y sont vouées..." Elle écrit là la phrase la plus juste du livre mais avec un accent désespéré.

Puis, comme toujours avec Polony, on tombe dans l'incohérence conceptuelle géante, étalée en une seule belle phrase, pas gênée: "La différence entre père et mère dans leur rapport à l'enfant (...), vient de cette part symbolique apportée par le père (parfois par la mère en cas de filiation adoptive, ou par deux mères ou deux pères: rien là d'exclusif) qui nous rappelle que nous sommes des êtres de culture..." Alors que son livre est en bonne part une critique de notre société féminisée, qu'elle s'attaquait même à la déconstruction des identités sexuelles, qu'elle essayait de dégager patiemment l'apport particulier masculin dans la vie de famille ce que n'avait absolument pas compris de Beauvoir, par exemple ("Le père ne naît pas de la chair. Il naît des symboles" - "cette part symbolique apportée par le père"), voilà qu'elle refait le coup des purs "êtres de culture" et autres individus responsables et autonomes! Père égale mère, deux pères égalent deux mères, un père et une mère égalent deux pères ou deux mères... Peut-on se contredire de manière plus outrée, plus inconsciente?

Ah c'est sûr, l'intellectualité ne rend pas modeste (Dieu me garde)! Nat. Polony n'est pourtant pas très différente des contemporaines dont elle déplore l'exaltation maternaliste et l'indifférence vis-à-vis de l'échec morose du féminisme. "C'est fort bien de n'être pas dupe: mais c'est à partir de là que tout commence (...); elle s'arrête effrayée au seuil de la réalité." Encore une fois, Simone de Beauvoir avait tout dit, profondément... (14) mais racontait des salades autrement. Les femmes citées dans ce livre restent de petits êtres compliqués appelés femmes.

Changer l'homme demeure le credo de mad. Badinter: ce "n'est pas l'anéantir" dit-elle. Pourtant, elle avait écrit, concernant la férocité du féminisme identitaire: "Le mot d'ordre implicite ou explicite, "changer l'homme" plutôt que lutter contre les abus de certains hommes", relève d'une utopie totalitaire." Je ne vois pas vraiment l'intérêt du reste d'appeler "féminisme" un courant qui aurait eu à "lutter contre les abus de certains hommes".

*

La faiblesse de conception du féminisme doctrinaire, je l'ai dit, ajoutée à la différence bien sensible entre féminisme qui se veut doctrinaire et féminisme de réalité, féminisme vulgaire sont des traits rassurants: le matriarcat, sans base conceptuelle solide, sans appétit pour la domination, n'est pas pour demain. Aux Etats-Unis, le matriarcat est un faux-semblant. Le seul résultat tangible du féminisme est, comme le dit E. Zemmour, ces "régentes d'une société sans roi" qui tiennent les familles mais que personne n'avait voulu. La société est artificiellement grosse d'un matriarcat qui, sans définition, ne peut advenir. En une soixantaine d'années d'écrits doctrinaires, l'idéal prométhéen relayé par les femmes est un échec complet. Les femmes ont perdu en stabilité affective ce qu'elles ont gagné en indépendance économique. (15) Plus romantiques et sentimentales que jamais, "leurs poitrines gonflées par le désir de vivre" (16) plutôt que la tête farcie de théories au bout du compte désastreuses, les femmes ont néanmoins perdu la capacité de réaliser le rêve le plus simple et normalement le plus accessible, le simple rêve de la famille; dépourvues du savoir-faire ancestral, du sens du sacrifice qui était autrefois le leur, ne pouvant compter sur le soutien inconditionnel d'hommes déboulonnés, fatalement hypocrites dans leur nudité, elles expient l'indépendance économique, le fameux trophée du féminisme. Ita diis placuit.

(1) <u>Louis XIII</u> par Pierre Chevallier, Paris, 1979; <u>Louis XIV</u> par JC. Petitfils, Paris, 1995-97.

(2) Th. Ardisson, <u>Confessions d'un baby-boomer</u>, 2005.

(3) JP. Brighelli, <u>La fabrique du Crétin</u>, 2005.

(4) Article en ligne du 3 septembre 1998, *Libération*. Où l'on apprend d'ailleurs que Meirieu est un raté... "Philippe Meirieu a été invité par Claude Allègre à dessiner le lycée du XXIe siècle... De tels projets n'auraient peut-être jamais vu le jour si Mérieu avait été reçu à l'Ecole normale supérieure." Dépité, il a donc passé sa vie à détruire les fondements de l'élitisme scolaire. "A la fin des années 60, il avait appris de Bourdieu qu'au-delà de sa rhétorique républicaine, l'école française était une machine à reproduire les inégalités." A partir de cette prémisse fausse et avec une singulière inconscience, le journaliste A. Auffray, sympathique aux thèses pédagogistes, évacue la responsabilité du dit pédagogisme dans la dégradation intellectuelle et morale de l'école: "Ce qui était vrai alors l'est plus encore aujourd'hui, quand le prof qui pénètre dans sa classe ne peut plus s'appuyer sur un univers structuré par le respect."

(5) Ph. Meirieu, cité par JP. Brighelli.

(6) *L'Esprit de l'escalier*, RCJ, 21 juin 2015.

(7) *Ce soir ou jamais*, F2, mars 2013.

(8) *C'est mon choix*, Fr.3, mai 2000: « Pour ou contre le machisme d'A. Soral ».

(9) citée par E. Badinter, <u>Fausse route</u>: "Même son de cloche chez Martine Aubry qui trouve que les femmes ont plus les pieds sur terre "parce qu'elles sont plus intéressées par l'action que par le pouvoir."

(10) 94% des adhérents au Fn ont approuvé la réforme des statuts du parti, en votant par correspondance, du 19 juin au 10 juillet 2015; l'article 11bis supprimait la présidence d'honneur détenue par Le Pen père qui, comme à son habitude, a entamé une procédure judiciaire pour annihiler le processus. De fait, "les récentes décisions de justice prises en référé privent temporairement ce vote de portée juridique" selon un communiqué de presse du 29 juillet.

(11) Florian Philippot et Nicolas Bay.

(12) Article intéressant des *Echos.fr* du 20 décembre 2010: "Une entreprise du CAC40 sur quatre n'a pas payé d'impôt sur les sociétés en France en 2009, si l'on en croit l'enquête réalisée par le *Journal du Dimanche*, dans son édition d'hier... Ainsi Total, Danone, Essilor, Saint-Gobain, Schneider, Suez environnement et Arcelor Mittal ne payent aucun impôt sur leur bénéfice en France" - "Il ne s'agit pas d'ailleurs de fraude fiscale. Les moyens de réduire son impôt - les fameuses niches fiscales - sont nombreux, et profitent tout particulièrement aux entreprises du CAC40" - "Total a beau déclarer près de 8 milliards de bénéfice au niveau mondial, il ne paie aucun impôt en France. Comme ses activités de raffinerie (en France) sont toutes en perte, il échappe intégralement à l'impôt."

(13) Léon Richer, fondateur en 1869 de l'Association pour le droit des femmes, cité par L. Choffey.

(14) Version soralienne: "l'esprit féminin se montre le plus souvent incapable d'une vision globale cohérente, faute de pouvoir replacer ses analyses psychologiques partielles dans leur juste perspective économico-sociale." Vers la féminisation

(15) Le lien qui unit la Romaine à son époux "est si sacré qu'en cinq siècles, on ne compte pas un seul divorce." Le Deuxième sexe

(16) "J'aime regarder les filles" chantée par Patrick Coutin en 1981.

V - La féminisation comme forme de la sensibilité

Au-delà du pouvoir procréateur qui est exclusivement celui de la femme, le "pouvoir des femmes" consiste essentiellement dans une influence sur les arts, les idées, la religion dont on constate honnêtement qu'elle était plus forte au temps du patriarcat monstrueux qu'aujourd'hui. Une nouvelle fois, je fais appel à Simone de Beauvoir qui, décidément, avait compris bien des choses sans toutefois les approfondir: "Il y a d'ailleurs peu de femmes assez fortunées pour trouver dans la "mondanité" un emploi de leur vie. Celles qui s'y consacrent entièrement essaient à l'ordinaire non seulement de se rendre par là un culte mais aussi de dépasser cette vie mondaine vers certains buts: les vrais "salons" ont un caractère ou littéraire ou politique" - "Elles s'efforcent par ce moyen de prendre de l'ascendant sur les hommes et de jouer un rôle personnel." Ce "peu de femmes assez fortunées" a joué un rôle majeur dans la vie intellectuelle, littéraire et artistique de notre pays; c'est la vie des salons, parisiens la plupart qui, du XVII au XIXe siècle, voire jusqu'au XXe siècle, ont offert aux femmes d'esprit et d'entregent une place prestigieuse.

Je passe vite sur le chapitre de la religion: l'objet s'est éteint et ses faveurs avec. Les femmes ne peuvent plus prétendre y trouver de l'influence; si l'islamisation se poursuit, elles sont sûres de ne plus sortir du foyer. De Beauvoir consacre un petit chapitre à "la mystique" et ce qui est drôle, c'est que le déterminisme sexuel, banni par ailleurs, réapparaît ici. "Au lieu que les femmes qui s'abandonnent aux délices des épousailles célestes sont légion: et elles les vivent d'une manière étrangement affective" - "elle a pour s'offrir à Dieu les mêmes conduites que lorsqu'elle s'offre à un homme" - "Le quiétisme de Mme Guyon érigeait cette passivité (amoureuse) en système..."; elle esquive le problème en décrétant que ces activités religieuses naturellement sont "inauthentiques": "il n'est qu'une manière de l'accomplir authentiquement (la liberté): c'est de la projeter par une action positive dans la société humaine." Cela est fausser le jeu car évidemment, de nombreuses femmes d'Eglise ou très pieuses ont compté, même politiquement: de la Burgonde Clotilde et fervente chrétienne qui réussit à convertir le Franc Clovis le jour de la noël 496 avec trois mille de ses guerriers à l'insignifiante Mme de La Fayette, amour sublimé du très chaste roi Louis XIII qui, une fois au couvent, en 1637, simultanément à l'affaire de la trahison inconsciente de la reine, recevant encore de royales visites, "tout comme le père Caussin, travaillait à rapprocher le plus possible Louis XIII de son épouse. » (1 Le biographe calcule ensuite la date la plus probable de la conception du futur Louis XIV, à la fin de l'année alors que le roi n'était ni porté aux dames ou même à la clémence Ainsi les femmes ont-elles désappris l'art subtil de suggérer de conseiller, de persuader, d'amadouer pour passer à celu de la volonté intransigeante, à l'américaine. *Ce que veulen les femmes,* (2) elles ne l'obtiennent guère mais il leur suffit de s'illusionner parfois toute une vie sur les possibilités de ce esprit militant.

Nat. Polony comme E. Zemmour reconnaissent la place

féminine éminente dans les limites de la période énoncée ci-dessus: "Il fut un temps - qui semble aujourd'hui bien lointain - où la France était, aux yeux du monde, le "pays des femmes". Maîtresses des goûts et des modes en matière d'art et de culture, elles dispensaient la gaieté et enseignaient le raffinement..." Le XVIIIe siècle et ses salons semble correspondre particulièrement à la description. De façon moins lyrique, Zemmour approuve "la tradition française, qui a l'originalité de concilier une domination patriarcale dans un monde ouvert aux femmes. François 1er fut le premier roi d'Occident qui accepta les femmes à sa cour." Sur ce point, je crois qu'E. Zemmour, dans sa dénonciation assez simple, purement politique du XVIIIe siècle féminisé, passe à côté d'une influence féminine majeure dans les arts, des années 1710-20 aux années 1760-70. Ce faisant, il amalgame sous le vocable de féminisation plusieurs phénomènes de valeur inégale.

Il n'est pas douteux que le XVIIIe siècle ait été féminisé: mais seule la haute aristocratie l'était, seule une partie de la bourgeoisie éventuellement l'était. On peut distinguer la féminisation démonstrative des hommes les plus privilégiés ("Ainsi l'aristocrate affiche-t-il une volontaire féminité pour signifier sa distance maximale d'avec le monde du travail") (3) et la féminisation qui consiste à faire participer les femmes aux cercles d'influence, voire de pouvoir ce qui laisse substituer quelques faux-semblants: le titre de reine ou de favorite sous l'ancien Régime ne signifiait nullement qu'on avait accès aux affaires.
"Madame de Pompadour gouverne réellement sous Louis XV." Cette assertion zemmourienne est des plus fausses.

Mme de Pompadour a exercé un magistère, sans conteste. "Son action culturelle ne peut être minimisée. Admirée par Voltaire, amie des philosophes qui font d'autant mieux son éloge qu'ils comptent sur sa protection, elle devint une sorte de Le Brun féminin, dominant l'administration et orientant les commandes et les choix", nous dit André Chastel dans sa volumineuse histoire de l'art français. (4) Or, devenir une sorte de "Le Brun féminin" n'est pas devenir un maire du Palais, un Richelieu. La marquise, née Poisson et surnommée Reinette, n'était pas une aristocrate-née mais plutôt une bourgeoise liée à la ferme générale; c'est en bourgeoise qu'elle a aimé le roi et qu'elle lui a conservé sa vie durant son amitié; c'est une parvenue enjouée et fragile qui "n'est point méchante et ne dit de mal de personne" (5) que la Cour a salie avec préméditation, le roi avec. "Elle ne sort guère. Il faut toujours qu'elle soit à la disposition du maître, toujours prête à l'accueillir, à l'amuser ou à partager sa mélancolie, toujours servante de son caprice. Le roi aime surgir à l'improviste, paraître, disparaître. » (6) On voit la différence avec la mentalité parfois grossière d'E. Zemmour: il n'y a pas là l'ombre d'une dominatrice désirant se servir du souverain. Elle ne fait que distraire le roi. "Son premier soin est d'assembler autour d'elle une société aimable, divertissante et fidèle" - "Mme de Pompadour voudrait ardemment ouvrir ce cercle à des écrivains, à des philosophes..." La première faveur qu'elle fait accorder va pour monsieur de Voltaire; il devient, après la bataille de Fontenoy dont il fait l'éloge (1745), gentilhomme de la Chambre et historiographe du roi alors que celui-ci ne l'aimait guère. "Réfractaire à la lecture, le roi, du moins, aime le théâtre. L'amante inquiète saisit avidement cette chance" - "La voilà directrice de théâtre, comédienne, danseuse de ballet, chanteuse d'opéra comique... le roi prend goût à la chose. Les représentations, qui ont d'abord lieu dans la petite galerie des cabinets, se déroulent bientôt tous les lundis, sous l'escalier des Ambassadeurs." Ses quelques initiatives politiques n'en font pas une maîtresse habitée par l'ambition; son soutien résolu à Machaut d'Arnouville, "lorsque contrôleur général, il tenta d'instituer cette égalité devant l'impôt grâce à laquelle les Bourbons auraient peut-être sauvé leur couronne », (7) dénote un bon sens bourgeois et le coup d'oeil historique qui eût dû convenir à Zemmour, face à la coalition des privilèges.

C'est aussi l'avis de Pierre Gaxotte qui, dans sa biographie du roi, prend soin de nommer d'abord toute "cette marchandise faisandée" due en partie à un Jean-Louis Soulavie, prêtre défroqué languedocien, monomaniaque de la plume, maître es racontars et faux mémoires. De même que le XVIe siècle avait été le siècle d'inventions et de découvertes en même temps que de bûchers, de cachots et de féroces luttes religieuses, le XVIIIe fut le siècle positif de l'esprit humain, à en croire certains philosophes et illuminés, et aussi le siècle des ragots, "du potin, du cancan, de l'historiette bien troussée, de l'anecdote légère et légèrement contée, du bon mot, de la médisance qui fait sourire. » (8) Encore un faussaire: le maître de la Prusse, Frédéric II, notre ennemi d'alors, écrivit lui-même (1758) un pamphlet pour discréditer Louis XV et sa favorite, "une Lettre de la marquise de Pompadour à la reine de Hongrie, dans laquelle Mme de Pompadour se félicite d'avoir provoqué le renversement des alliances en reconnaissance des flatteries que Marie-Thérèse a eues pour elle." Zemmour le polémiste tombe dans le panneau: "Frédéric II de Prusse brocarde ce pays gouverné par une femme, Mme de Pompadour, qui, forçant un Bernis rétif, fut la grande inspiratrice de cette politique", écrivit-il dans <u>Mélancolie française</u>. (9) Rien de plus insensé au vu de la personnalité de la dame.

Zemmour le conservateur est aussi le continuateur d'une tradition républicaine qui a surtout chargé et sali l'ancien Régime pour mieux faire ressortir l'éclat de la Révolution; celle-ci, au contraire, comme on sait, fut le théâtre d'atrocités inouïes, d'injustices absurdes et nombreuses, d'une licence dans le mensonge et la diffamation à peu près inégalable. Cette attitude est "plaisante néanmoins par l'esprit de simplicité", comme dit Gaxotte, ce que lui reprochent d'ailleurs Nat. Polony ou d'autres. Voyons maintenant le portrait de la marquise par l'historien: "Elevée pendant quatre ans aux Ursulines de Poissy, ayant eu ensuite les meilleurs maîtres, formée à l'art de la conversation par Voltaire, hôte d'Etioles, et par les amis de Mme Geoffrin, initiée aux manières de la cour par Bernis tandis que Louis XV était aux armées, elle était une bourgeoise, la fleur de la finance, la plus jolie femme de Paris, mais avec une manière de sentir qui n'avait point la grandeur et la sécheresse d'une ambition aristocratique (10)" - "Elle excellait à tenir une maison, à présider un dîner, à meubler une journée creuse », (11) toutes choses devenues indécentes pour la féministe moderne voire "inauthentiques" pour celle qui se piquerait de terminologie beauvoirienne. "Elle savait donner de l'esprit à ses amis et ses invités la quittaient forts contents d'eux-mêmes", ce qui était la qualité propre de ces maîtresses de salon qui savaient réunir et faire parler artistes ou écrivains. "Elle ne songe point à dominer mais à désarmer les préventions. A force de déférence, de bonté, de délicatesse, elle parvient à se faire accepter par la Reine et par son entourage... Au reste, conseillé par sa maîtresse, le Roi traite mieux sa femme; il lui manifeste en public de grands égards..." Il était impossible qu'une maîtresse perdue d'ambition n'ait pas laissée éclater un orgueil jaloux: Mme de Pompadour fut au contraire, une des rares maîtresses à n'avoir pas été répudiée, disgraciée et à avoir conservé au roi une constante affection amicale. Cela la met à part.

"Ses lettres à Choiseul, à Bernis, à Kaunitz, aux ministres sont pleines de choses insignifiantes, politesses, félicitations", poursuit Gaxotte. "De temps en temps, on sent par un membre de phrase qu'elle a été chargée de transmettre un blâme ou un désir du roi quand celui-ci ne voulait pas se découvrir... Les solliciteurs l'assiègent dans l'espérance qu'elle parlera pour eux." Louis XV n'a pas été dominé par une femme; ses défauts lui viennent de lui-même, de son éducation. "On le représente toujours en tyran orgueilleux; il pèche par les défauts contraires: la défiance de soi, la crainte d'imposer sa volonté, le respect excessif des avis qu'il n'approuve pas." Quand il eût fallu ne pas se laisser entraîner dans la Succession d'Autriche (1741), ce qui était encore de la responsabilité de Fleury, Louis XV n'exploita aucune des belles victoires françaises du maréchal de Saxe dans les Flandres: après Fontenoy (1745) sur les Anglo-hollandais, il y eut la victoire de Raucoux sur les Autrichiens et celle de Laufeldt (1747); Gand, Bruges, Bruxelles et Maestricht comme on l'écrivait alors, furent enlevées. La Hollande était à merci. Le roi n'en tira aucun avantage. Il est "comme paralysé dans l'action", écrit Gaxotte. Il ressemble au Régent qui, trop sceptique, ne voulait jamais choisir. Il est à l'image de ce siècle d'apogée française, quand la France rayonnait intellectuellement et artistiquement partout en Europe mais quand déjà, les forces lui manquaient pour réaliser un grand dessein qu'elle n'avait pas défini au juste. Elle a trop hésité entre la terre et la mer et comme le dit plus justement le même Zemmour: "Trop de talents, trop de richesses, trop de ressources. Trop de choix. Trop d'hommes, d'idées, de raffinements. Ce fut peut-être au final le malheur de la France... Nous sommes le seul pays d'Europe à la fois continental et maritime. » (12) Son destin n'était pas "de rassembler l'Europe continentale" comme il l'affirme plus loin mais, une fois la théorie du pré carré arrêtée et mise en oeuvre, (13) de jeter ses forces dans le combat maritime mondial que la possession et la conservation du "plus bel empire colonial que la France ait jamais eu: Louisiane, Caraïbes, Indes", requérait. On ne peut pas courir deux lièvres à la fois, disait ma grand-mère. Il fallait alors choisir et la France ne fit jamais clairement de choix. (14)

La marquise ou telle autre n'est pas fautive. E. Zemmour devrait se réjouir de cette femme qui particulièrement n'a pas marché sur les plates-bandes masculines mais qui "en revanche, a exalté le sens esthétique de la France, (...) lui a donné une parure unique, (...) y a multiplié les chefs-d'oeuvre. » (15) Elle a assurément rempli tout le rôle d'une femme de goût et d'esprit. Combien d'autres femmes dans l'histoire de France furent plus maléfiques, plus venimeuses, orgueilleuses et fauteuses de troubles! La marquise ne fut pas Mme de Montespan, ni la duchesse de Chevreuse ou la duchesse de Longueville.

Si les possibilités qui paraissaient infinies à la France par ailleurs, l'ont finalement paralysée sur le plan de la Guerre et de la Diplomatie, il n'en va pas de même de la création intellectuelle et artistique; la France est "le plus divers, le plus allègre, le plus habitable des pays à vivre", selon A. Chastel. Ni les impressionnistes, ni Delacroix ou Géricault, ni Courbet, Corot, Degas, Van Gogh, Gauguin, Cézanne, Matisse ou Derain, Renoir le cinéaste, L. Feuillade, J. Duvivier ou S. Guitry, HG. Clouzot, J. Tati, Cl. Zidi, A. Corneau, M. Pialat ou A. Téchiné ne témoignent du déclin français après 1763 ou 1815. "Un pays heureux dans son espace, à la personnalité géographique bien définie, réussie jusque sur le plan physique », (16) écrivait également Emile Cioran, philosophe roumain réfugié en France en 1937; "Le péché et le mérite de la France sont dans sa sociabilité. Les gens ne semblent faits que pour se retrouver et parler. Le besoin de conversation provient du caractère acosmique de cette culture" - "Ils n'ont pas créé une culture tragique" - "Dans une certaine mesure, les cathédrales françaises sont compatibles avec le bon goût. Elles n'abusent pas de l'architecture; elles ne la compromettent pas par la recherche de l'infini" - "La France a été patrie dès le moyen Age, quand les autres nations n'avaient même pas pris conscience d'elles-mêmes. Elle a été aimée, glorifiée, elle a mis en valeur tous les idéaux qu'elle pouvait. Aucun moment de son histoire n'inspire de regret. Chaque époque a vu se réaliser le maximum de ses possibilités; pas un souffle de vide, pas une absence grave. Partout, des hommes au niveau requis." Un aussi formidable éloge vient paradoxalement de l'orgueil blessé d'un "métèque" qui ne supportait pas son pays mais aussi l'effondrement dûment constaté de son modèle; Cioran était boulevard Saint-Germain l'année d'avant lorsque les Allemands y défilèrent.

Non seulement la marquise s'est bornée à régenter les arts selon l'apanage de son sexe mais elle le fit, de plus, dans une direction que le cher Zemmour eût été bien inspiré de connaître dans Chastel: "Typique de ses initiatives intelligentes fut son idée d'envoyer en 1749 son jeune frère Abel, marquis de Vandières bientôt marquis de Marigny, en Italie avec Cochin, Soufflot et l'abbé Leblanc; voyage qui, à tous égards fournit une articulation capitale vers un goût plus éclairé, moins frivole, mieux documenté » (17) - "On voulait donc plus de sérieux, avec Marigny et sa soeur, la Pompadour. Déjà cette réaction contre la peinture légère et minaudière s'était manifestée dans un pamphlet de La Font de Saint-Yenne: l'Ombre du grand Colbert (1752)." Ramollo l'architecture d'Ange-Jacques Gabriel, l'architecte favori de la marquise? "l'Ecole militaire, prévue par AJ. Gabriel dès 1751 à la demande de Mme de Pompadour, en fait une réplique des Invalides." Elle soutint encore Gabriel pour la réalisation de la magnifique place Royale, aujourd'hui place de la Concorde, qui était alors fermée sur la Seine, sans pont. Cette fois, le Garde-meuble (1757-70), ancêtre des hôtels de la Marine et de Crillon s'inspirait pour A. Chastel de la façade orientale du Louvre. Ah certes, "Les Parisiens ne lui pardonnent pas d'avoir fait abattre tous les arbres qui séparent l'hôtel d'Evreux des Invalides et d'avoir tracé une avenue vouée à l'admiration universelle », (18) quoique bien défigurée depuis. Mais encore, fit-elle employer E. Bouchardon à la statue équestre du roi, sise sur la place, fondue à la Révolution: "le souverain est vêtu à l'antique, monture au pas, sur une table cernée de guirlandes, le tout au-dessus d'un piédestal flanqué non pas des esclaves ou des vaincus habituels mais de quatre figures féminines: leur liste est éloquente - Bonté, Bienfaisance, Triomphe des arts, Vertus civiles... » (19) De manière pathétique, ces vertus féminines avec la statue furent inaugurées peu de temps après la signature du désastreux traité de Paris (1763); mais est-ce la faute de la marquise amoureuse si depuis vingt ans, le roi n'avait pas bien préparé la guerre?

*

"On est frappé par la soumission au prestige de la féminité, par le culte de la beauté des privilèges féminins, devenus plus explicites que jamais, avec, du haut en bas de la société, toute la gamme des attitudes, de la grossièreté à l'adoration", écrit encore A. Chastel. La féminisation constatée des arts, dans les années 1710-70, liée au départ à la Régence (1715-23) (20) et qui s'est conçue comme la mise en valeur de la décoration intérieure au détriment du décor architectural, (21) son aspect passager, changeant, la profusion des bibelots, colifichets, accessoires et mobilier étudiés pour femmes, la mode du "petit", du "gracieux", du "charmant" dans la peinture, les boiseries et stucs, la petite sculpture et la porcelaine, l'ébénisterie, la toilette et jusqu'au livre, (22) n'est liée à aucune féminisation sociale des métiers artistiques où l'on perpétue d'orgueilleuses traditions artisanales, ni même à une féminisation d'envergure telle qu'on la connaît aujourd'hui. D'où peut venir cette féminisation artistique aussi complète, aussi réussie d'ailleurs, vraiment charmante et pleine d'intérêt pour l'historien de l'art, même amateur, sinon de la seule féminisation sociale dûment constatée alors, la féminisation sélective des aristocrates et grands bourgeois?

Les mêmes causes entraînent les mêmes effets. La féminisation peut se décomposer en trois parties chronologiques: d'abord une féminisation sociale qui touche un groupe ou plusieurs: elle est démonstrative. Elle entraîne relativement une féminisation des arts à cause des liens qui unissent les classes privilégiées et les métiers artistiques. Cependant, ceux-ci connaissent des évolutions internes et différenciées. (23) Les arts enfin, sont les signes avant-coureurs de changement des principes politiques: la revirilisation néo-classique des années 1760-70 dans l'architecture et les arts plastiques a précédé le tonnerre politique de la Révolution.
Ce gros demi-siècle si féminisé dont témoigne la douceur des principes du gouvernement n'est pas imputable à la place éminente que prirent les femmes dans les salons;

dans bien de ces salons, on relaie les idées nouvelles qui, si elles sont d'essence anti-autoritaire, n'en démontrent pas moins la mollesse et la pusillanimité du gouvernement monarchique. Celui-ci, incapable de faire siens quelques-uns des principes nouveaux qui pouvaient lui assurer le concours de couches bourgeoises montantes, incapable ainsi de vaincre la coalition des privilégiés (haute noblesse, haut-clergé, parlementaires), allait inexorablement à sa perte. C'est ce processus apparemment interne et fatal qui est appelé féminisation ou décadence. Ce ne sont pas les femmes d'esprit qui ont peu à peu affaibli le gouvernement monarchique; leur multiplication et leur influence, plus supposée que réelle d'ailleurs, marquent à la fois l'apogée d'une civilisation brillante dans laquelle la conversation tient une place exceptionnelle, et le signe, le témoin mais non la cause d'une décrépitude du principe monarchique. "En abdiquant devant l'opinion publique, le Roi et son gouvernement avaient gravement manqué à leur devoir. Mais cette faiblesse n'avait fait qu'accroître la puissance des salons, des cafés et des écrits" ajoute P. Gaxotte à propos du traité de Paris.

La raison politique semble éternelle: on projette une idée, un plan dont on attend la durée, pour lequel on recherche le concours général. Plus capricieuse et moins tragique, l'histoire artistique repose sur une clientèle restreinte et n'a que des rapports épisodiques avec l'Etat. A chaque génération, on attend gracieusement un renouvellement, une nouvelle impulsion. Ce qui serait utile à l'Etat, la durée des institutions, la conséquence des entreprises publiques devient une gêne au renouvellement en art, un refus mortifère de la vie; c'est l'académisme. L'histoire de l'art épouse de plus près les cycles de la vie et n'a pas, du reste, de conséquences sociale ou politique.

La crise de Mai 68 ne fut pas une révolution politique par exemple mais l'illustration anarchique d'une révolution sociale en cours dans les années 1960-70; le monde politique y est resté hermétique pendant longtemps, ce qui est normal. Il doit représenter la durée. Je me souviens d'un échange un peu vif à la télé (1980) entre Daniel Balavoine et le candidat Fr. Mitterrand à qui il était reproché de n'être pas à la page, (indirectement) de ne pas s'habiller comme les jeunes... puis, au cours des années 1980-90, les attitudes politiques basculèrent: fini le "sérieux", bonjour la jeunesse, le sourire, le changement perpétuel, la confidence, le partage... en un mot, la féminisation. A. Finkielkraut lui-même relatait récemment "un des pires souvenirs politiques", la présence et l'intervioue de M. Rocard dans l'émission de service public *Tout le monde en parle* (2001), par Th. Ardisson: "Est-ce que sucer, c'est tromper? lui avait demandé Ardisson. Il avait, pris au dépourvu, répondu non, au lieu précisément de se lever et de ne pas répondre." (24) La boucle est bouclée: on revient à nos politiciens dépourvus de pouvoir, des "soumis" quasiment heureux de le montrer comme, dans les années 70, les hommes banals étaient heureux d'avoir des cheveux longs avec des fleurs dedans. Sur ce point, les politiciens avaient finalement clos un cycle de la féminisation vieux de quarante ans.

Il est difficile de faire parler les arts d'aujourd'hui, sans recul nécessaire. Il me semble que les arts plastiques soient retournés à une régression telle qu'il est impossible d'en dégager un caractère masculin ou féminin. Ils végètent dans l'immaturité. L'expérimentation permanente, inféconde à force de durée, détruit toute forme exclusive. D'ailleurs, ces arts se montrent partout; le nombre d'expositions campagnardes, de femmes peintres oisives, de dessinateurs du dimanche de voitures de sport, de parigots "plasticiens" venant représenter la civilisation chez les ploucs est exceptionnel. A deux pas de chez moi, un de ces représentants a planté deux "géants verts" dans la forêt qui attirent les bobos en goguette; mais c'est un art, de bric et de broc, s'échappant des supports traditionnels, qui ne se suffit pas à lui-même, aussi a-t-il toujours besoin d'une explication; le visiteur trouvera effectivement de quoi lire après sa petite randonnée montagneuse. "Ca anime la région" dit-on, comme si la forêt avait besoin d'être animée. Le rapport à cet art est devenu purement extérieur. L'architecture presque totalement vitrifiée ou végétalisée, admirée par les mêmes bobos citadins, fait penser à une forme de virilité décadente qui n'ose plus affirmer la personnalité du mur ou la présence d'un décor. A Lens, dans un pseudo-Louvre décentralisé (2012) que ne fréquentent sans doute pas les habitants des corons, on a clairement une architecture quasi virtuelle à force de vitrage, de blancheur et de transparence qui doit procurer un certain malaise; les visiteurs ont probablement l'impression d'entrer... dehors tant la couleur grise-blanche rappelle la météo habituelle de la région. On peut alors parler de non-architecture; les oeuvres semblent flotter dans un espace sidéral. Il est tout aussi clair que l'oisiveté, de caractère social et esthétique féminin, remplace le travail, autrefois assuré ici exclusivement par des hommes (bâtiments miniers). La féminisation accompagne les crises, crise du support, du sens, crise économique, d'où son nom, du reste. Cette section du musée du Louvre est condamnée par avance à ne recevoir que les parisiens et cosmopolites de passage. (25) Le non-sens de la démocratisation de l'art qui ne peut être apprécié que par un petit nombre, poursuit sa course absurde jusqu'à la gabegie.

Par contre, je vois dans la mode rétro du cinéma français, nantie de superbes reconstitutions dans le détail: habits, voitures, objets familiers, attitudes, une quête inquiète de la virilité; c'est particulièrement vrai dans la reconstitution du monde interlope: deux films consacrés à J. Mesrine en 2008, par JF. Richer et *la French*, par exemple, de Cédric Jimenez, avec Jean Dujardin (2014). Cet acteur joue et symbolise à merveille le balancement contemporain masculin entre une immaturité qu'on a toutes les peines du monde à quitter (*Brice de Nice*, 2005) et la quête d'un nouvel horizon viril.

(1) Pierre Chevallier, déjà cité. Le père Caussin, confesseur du roi, placé par Richelieu mais dépourvu d'habileté politique, fit tout pour se découvrir: dévot, pro-espagnol, pour la paix immédiate en Europe, il fut rapidement disgracié et exilé.
(2) Titre d'un film américain de 2000, avec Mel Gibson et Helen Hunt.
(3) A. Soral, Vers la féminisation. Sous cette catégorie entrent les attitudes maniérées du "néo-macho" Eric Zemmour, par exemple.
(4) A. Chastel, l'Art français, tome III, ancien Régime (1620-1775);

Paris, 2000.

(5) Duc de Luynes, introducteur des ambassadeurs, cité par Philippe Erlanger: "Défense de la marquise de Pompadour", *Historia*, avril 1964.

(6) Les appartements de la marquise qui avaient été ceux de Mme de Châteauroux, se situaient et se situent encore au-dessus du salon de la Guerre, à Versailles.

(7) JB. Machaut d'Arnouville qui remplaça Ph. Orry en 1745, avait imaginé à partir de 1749 de faire payer tous les contribuables sur leurs biens avec un impôt appelé le vingtième; le clergé se sentit immédiatement attaqué, lui dont les revenus n'étaient même pas connus. La taxation de nouveaux biens ecclésiastiques était d'ailleurs prévue. En mai 1750, une assemblée du clergé réunie à Paris refuse d'établir la liste des biens religieux mais est dissoute. Bientôt, des Etats provinciaux, le Parlement de Paris, la famille royale, tous se liguent contre le contrôleur. En décembre 1751, le clergé obtint la dispense de l'impôt. Le clan des philosophes animé par la marquise de Pompadour avait perdu mais c'est surtout le roi qui n'avait pas été assez ferme. Cette réforme intérieure était même indispensable avant toute entreprise extérieure audacieuse. Elle ne reviendra qu'en 1771.

(8) P. Gaxotte, Le siècle de Louis XV, 1933.

(9) E. Zemmour, Mélancolie française, 2010. Le renversement des alliances évoqué date de 1756. La France s'allie à l'Autriche, son ennemie traditionnelle contre la Prusse qui avait été son alliée dans la Succession d'Autriche (1741-48). Gaxotte raconte: "les Anglais négociaient sans mystère un traité d'alliance défensive avec la tsarine de Russie Elisabeth qu'inquiétaient fort les agrandissements du Brandebourg" - "les Anglais se servirent de l'accord non comme d'une arme pour écraser un ennemi, mais comme d'une menace et comme d'un moyen de pression pour acquérir un allié..." - "Au premier coup d'oeil, il (Frédéric II) en sentit le danger, se vit encerclé et, sans prêter la moindre attention aux engagements qui le liaient encore à la France, sans dénoncer l'accord, sans avertir Louis XV, il passa dans le camp opposé et, tournant ses armes contre ses amis, devint le soldat de Londres contre Versailles (traité de Westminster, 16 janvier 1756)." L'abbé de Bernis, ambassadeur à Venise, fut le

négociateur de l'alliance autrichienne avec Stahremberg, que le roi désirait depuis longtemps. Il est vrai que la marquise s'entremit pour recevoir la lettre initiale que l'impératrice Marie-Thérèse destinait au roi; les discussions, commencèrent dans sa maison de Bellevue; la favorite offrait simplement au roi l'assurance du secret des discussions. Elle n'a joué aucun rôle essentiel, "la publication des papiers de Bernis", l'atteste, dit Gaxotte. Alliée ou non à l'Autriche, la France, dans la période 1741-1763 n'a gagné ni crédit ni territoire mais la Pompadour n'y est pour rien. Cette croyance populaire, aussi tenace que bornée, au même titre que les préjugés féministes d'aujourd'hui, figure par exemple dans un livre scolaire d'histoire de 1966 (Bordas): "Pendant près de vingt ans, c'est elle la véritable souveraine; elle fait et défait les ministres."

(10) Jeanne-Antoinette Poisson fut mariée au fermier général Le Normand d'Etioles par son protecteur, Le Normand de Tournehem, lui aussi fermier général. Mme Geoffrin est une autre, fameuse, de ces salonnardes qui enchantèrent le siècle. "Mme Geoffrin, au 372 de la rue Saint-Honoré, recevait le lundi les artistes, le mercredi les philosophes, c'est-à-dire les intellectuels" - "Ses familiers étaient Chardin, Boucher, La Tour, Soufflot, Mariette, Bouchardon, Vien, Vernet, Hubert Robert à qui elle acheta des tableaux dès 1769 (onze en tout); de Carle Van Loo, elle possédait dix toiles qui furent cédées à Catherine II." A. Chastel.

(11) Avant même de devenir la maîtresse du roi, Mme d'Etioles tenait salon, dans un château du même nom (Etioles ou Etiolles), en forêt de Sénart. "elle parvint à réunir chez elle une société brillante où se rencontraient les beaux esprits du temps, Fontenelle, Helvétius, Marivaux, Montesquieu, Voltaire en personne." Ph. Erlanger.

(12) C'était aussi l'avis de P. Gaxotte, au reste: "A demi maritime et à demi continentale, la France est sollicitée de toutes parts par des ambitions et des nécessités qui s'opposent."

(13) De l'enceinte de Bergues ou de Philipsbourg, de la citadelle de Lille aux enceintes de Neuf-Brisach, de Gravelines et de Toul.

(14) Elle ne le fit pas sauf... à l'époque du cardinal de Fleury, principal ministre de Louis XV jusqu'en 1743. Quoique tardivement, "Il avait fort bien compris que jamais l'Angleterre ne renoncerait de

bonne grâce à ses projets d'hégémonie et que tôt ou tard, sous peine de perdre la Nouvelle-France, il faudrait reprendre la lutte contre elle" - "Dans un billet adressé au secrétaire d'Etat Amelot, en août 1740, il a exposé lui-même le détail de ses intentions. D'abord maintenir la paix sur le continent, avertir la Prusse, rassurer la Hollande, ne point prendre d'engagements supplémentaires avec l'Espagne en vue de remaniements territoriaux en Italie. En second lieu, "augmenter notre marine du plus de vaisseaux que nous pouvons d'ici au printemps prochain (...), encourager les armateurs, se mettre en état d'en avoir au printemps prochain." P. Gaxotte. De même, tardivement, le roi, humilié par la perte de l'Amérique, comprit la nécessité pour la monarchie d'un saut en avant, d'une réforme interne profonde que mit en oeuvre Maupéou (1771); mais tout ceci devait être effiloché au règne suivant... Louis XV avait encore oublié d'éduquer politiquement son petit-fils.

(15) Ph. Erlanger, *Historia*, déjà cité.

(16) De la France, Paris, 2009. Texte de 1941.

(17) Le frère de la marquise fut surintendant des Bâtiments de 1751 à 1773; il dirigeait les manufactures royales. Les découvertes ou redécouvertes de Pompéi et d'Herculanum à partir de 1738 ont contribué à l'évolution de l'art lui-même, vers le néo-classicisme.

(18) Ph. Erlanger, *Historia*, déjà cité. La marquise de Pompadour acquit l'hôtel d'Evreux en 1753 qui avait été conçu par Armand Cl. Mollet; c'est aujourd'hui le palais de l'Elysée.

(19) A. Chastel, déjà cité.

(20) Les chronologies entre développement de l'art et l'histoire politique ne sont jamais tout à fait les mêmes mais il y a des interactions fortes. En fait, il y a antériorité des mouvements artistiques sur les mouvements politiques. "Les contemporains disaient "la rocaille" ou "les rocailles". On dit quelquefois le style Louis XV; c'est, chronologiquement fort inexact, car les premières manifestations en apparaissent vers 1690, c'est-à-dire sous Louis XIV et il cesse chez nous au moment où commence le règne personnel de Louis XV." Ph. Lavedan, Monuments de France, 1970.

(21) "Les décorations intérieures des appartements sont à présent à Paris une partie considérable de l'architecture: elles font négliger la

décoration extérieure." Citation de l'architecte G. Boffrand en 1745 par Chastel.

(22) "Les changements rapides, imposés par la tyrannie de la mode, interviennent pour le décor même" - "La mode du petit et du charmant régna pendant à peu près un demi-siècle, déjà affirmée au Palais-Bourbon en 1722" - "Cette mode accentuant la part du mobilier et des objets..." - "avec une surabondance de soieries, de bibelots, de magots sur la cheminée, de bonheurs-du-jour..." - "Dans les moindres meubles ou ornements, on recherchait donc un rayonnement particulier qu'on pourrait appeler la grâce, à la fois mode de vie, clef de la production et excuse de la frivolité." A. Chastel.

(23) "La période 1760-1780 fut en ce sens un moment privilégié de l'histoire du livre, mais avec une soumission totale au gracieux et au joli." A. Chastel.

(24) *L'Esprit de l'escalier*, RCJ, 5 juillet 2015. *Tout le monde en parle* date de mars 2001. La faute de M. Rocard fut plus d'être présent à cette émission des bas-fonds que d'avoir répondu à la question posée.

(25) "Il y a beaucoup de Hollandais. Il y a beaucoup d'Italiens et d'Espagnols. Quelques Allemands, des Belges, bien sûr." A. Palou, "Ainsi va la vie au Louvre-Lens", *Le Figaro*, 08 janvier 2013.

VI - Le mythe de la femme "soumise"

Les femmes doivent se demander ce qu'elles attendent des hommes, dans leur relation intime avec eux comme au niveau social. Quelle place pensent-elles que les hommes doivent avoir? Le grand défaut du féminisme est de penser que le "changement" des hommes est souhaitable; or, rien de plus hypocrite et théâtral que le comportement masculin; l'homme étant moins assuré que la femme de bien tenir dans une identité, son attitude peut prendre mille formes. Madame Badinter ne comprend pas que les hommes n'aient pas "joué le jeu". En vérité, ils ont bien changé mais en mal, pas en bien; on leur a enlevé leur habit de civilisation; on a enlevé la civilisation en pensant changer de civilisation. Leur attitude pathétique n'implique aucune modification anthropologique pas plus que la contraception ou l'avortement, pour la délurée Nat. Polony, n'impliquent "une rupture anthropologique fondamentale". Le féminisme, très faible intellectuellement, essaie de se poser comme radical. La radicalité permet de masquer la faiblesse de caractère, la théorisation à outrance; ainsi était le communisme qui n'était que théorie et non expérience.

"L'être humain maîtrise sa reproduction" selon Nat. Polony; par contre, les Français ne maîtrisent pas l'immigration. Les mouvements sociaux ne sont jamais "maîtrisés"; ces mouvements divers effritent sans cesse le peu de moyens solides que nous parvenons à établir, politiquement et techniquement. L'histoire, aussi bien individuelle que collective, fonctionne ainsi par cycles opposés et non par progrès continu. La mort est au coeur de la vie, pour justement la renouveler: nous ne comprenons plus cela. Les vieux veulent se croire jeunes et mènent une retraite active; tout est bon pour bouger, oublier la mort prochaine. Mais les vieux d'avant ne bougeaient pas et attendaient tranquillement la mort. L'idéologie du progrès élimine mentalement la mort. Des vieux qui se croient jeunes, des jeunes appauvris et avachis comme des vieux, un pays comme le nôtre, aussi arrogant que dérouté, n'a qu'un destin: se faire remplacer par des populations neuves qui ne confondent pas tout, ne veulent pas tout et respectent les cycles de la vie.

En ayant terminé avec le féminisme doctrinaire, les femmes pensent faire la part des choses en étant féministe égalitariste et compétitive le jour et strictement soumise sexuellement la nuit; il paraît que c'est excitant. Mais si c'est excitant, fort heureusement, ça veut dire que la part soumise de la femme existe, survit, qu'elle est même bien difficile à faire partir. Les femmes tentent de redécouvrir leur féminité à tâtons, sans tellement y parvenir. Flippées (terme soralien), les femmes dans leurs bureaux, la mairesse, la cheftaine d'entreprise vous broient la main par peur inconsciente de paraître faible. Les Françaises ne racontent pas grand chose sur internet; ce dédain traduit une certaine discrétion séculaire. A l'instar des parisiennes, elles sont sombres dans l'habillement, ne se montrent pas et jouent à faire les compliquées. Elles n'en tiennent pas moins fermement à leur "liberté" économique qu'elles pensent due au féminisme. L'Américaine, à l'inverse, se donne brutalement comme un être au monde, affirmant les choses. Nous savons ce qu'elle fait, ce qu'elle pense, à quel point ce qu'elle fait comme ce qu'elle pense sont importants. Nous la voyons sous toutes les coutures, jolie, souriante. Bourrée d'automatismes masculins, elle perçoit aussi sa féminité comme agressive: tout le contraire de siècles de polissage français. Elle est heureuse, le paraît avant tout. Elle aime sortir ("outgoing") et surtout, elle aime le feune comme disent les Québécois. Ca n'est pas rare qu'on la voie en photo dans un parc d'attraction: la vie devrait ressembler à Disney. Elle a tout, un super boulot, des supers amis; deux copains pédés, si elle ne veut pas passer pour une conne. Elle aime le sport comme les garçons et soutient bruyamment son équipe préférée (de foutebaule américain). Les Américaines parlent fort d'ailleurs. Une photo parfois la montre, souriant démesurément, un verre de bière maousse à la main, avec le ticheurte de l'équipe favorite. Mais dans ce monde dysnéen, il y a "a missing piece", une pièce manquante: oh pas grand chose, il faut montrer que ça n'est pas important. La quête absolue du couple dure toute la vie maintenant; ça vaut aussi bien pour les Françaises que pour les Américaines. L'homme de sa vie, "the one", le seul, l'unique, l'absolu est aussi important symboliquement que sans importance vraiment du point de vue pratique. Femme à la réussite concrète, plus que concrète, cette Américaine type aurait réjoui le coeur de Simone de Beauvoir mais l'aurait terrifiée par la superficialité totale du goût et du savoir, la monstrueuse arrogance historique, une rage de paraître et non d'être, l'inauthenticité en un mot. Elle est la réussite et l'échec absolu d'une éducation féministe déjà ancienne.

Comment Simone de Beauvoir pouvait-elle prétendre à "l'authenticité" et pousser la femme française à l'indépendance accrue alors qu'elle avait déjà constaté, aux Etats-Unis, la puissance symbolique de la femme ("La femme américaine, se voulant idole, se fait l'esclave de ses adorateurs") couplée à la bizarrerie schizophrénique de sa personnalité ("Un professeur de collège américain me disait... leurs partenaires les respectent trop pour effaroucher leur pudeur...", "Mais l'attitude de défi, si fréquente entre autres chez les Américaines, agace les hommes plus souvent qu'elle ne les domine..."), suivie de sa relative nuisance sociale ("c'est surtout en Amérique que les femmes se groupent dans des clubs où elles jouent au bridge, distribuent des prix littéraires et méditent des améliorations sociales", "elles bénissent les guerres, les famines qui les transforment en bienfaitrices de l'humanité")?

A la manière américaine consistant à découper et professionnaliser le réel en petites cases pratiques, la soumission féminine est vue soit comme un jeu sexuel réversible récupéré par le essème notamment, soit comme la condition d'une certaine féminité mais soustraite à la vie diurne: sociale et professionnelle. Or, ce qui m'intéresse évidemment, c'est une soumission de type anthropologique, ayant des répercussions sociales. Le grand mythe hypocrite du féminisme est celui de la "femme soumise", femme nécessairement malheureuse, femme d'antan qui faisait la vaisselle tristement tandis que son mari exultait à l'usine, qui élevait ses enfants sans joie et dont la fatalité historique aurait été clairement exposée par le surgissement massif des femmes au travail au cours des années 1950-60 ou 70, par là. Ce serait la grande conquête du féminisme. Il s'ensuit d'ailleurs que pour une jeune femme d'aujourd'hui, une seule idée commande comme ce fut le cas pour L. Choffey: faire de bonnes études et travailler pour ne surtout pas dépendre d'un homme ou de l'aide de l'Etat éventuellement pour ses enfants.

La persistance de ce préjugé de femmes auparavant "soumises" absolument et venues à la libération historique par le travail est incroyable: les modernes devraient se demander comment une idée aussi vague, une notion aussi faible peut-elle être encore si faussement répandue? Aussi bien A. Soral en 1999, E. Zemmour en 2006 et Nat. Polony en 2008 insistèrent-ils sur ce point: les femmes ont toujours travaillé; il n'y a aucune discontinuité historique à ce propos. (1) "La grande nouveauté moderne, c'est la salarisation du travail des femmes" dit E. Zemmour. "Du coup, les femmes qui étaient traditionnellement copropriétaires et cogestionnaires d'une petite entreprise familiale (...), au sein de laquelle elles accomplissaient un travail valorisant (l'amour et l'éducation des enfants), se retrouvent aujourd'hui, pour la plupart d'entre elles, employées subalternes", ajoute A. Soral. La grande différence entre "avant" et "maintenant", différence étalée dans le temps, c'est effectivement une impersonnalisation du travail pour la femme qui à la ferme ou à l'échoppe, ne pointait pas et ne faisait pas la distinction entre les différentes tâches de sa vie: vie domestique, labeur nécessaire au maintien de "la plus petite unité de production" qu'est le couple et élevage des enfants, "cet autre travail tout aussi essentiel et respectable qu'est la maternité." (2) La modernité (XIX-XXe siècles essentiellement) a donc consisté à séparer la femme de son lieu de travail (femmes à l'usine puis dans les bureaux), à briser le rapport professionnel qu'entretenait le couple avec répartition naturelle des tâches (production/service) et à séparer les enfants en bas-âge de la mère travaillant à l'extérieur (école maternelle, nourrices, crèches).

Natacha Polony reconnaît que la femme ne pense pas le travail comme un homme: "les femmes ont toujours travaillé. Les paysannes et les ouvrières, bien sûr, mais également les bourgeoises" - "La bourgeoisie du XIXe siècle exerçait nombre d'activités et d'oeuvres charitables qui lui assuraient une existence sociale..." Ca ressemble au propos de Sophie dans l'émission *C'est mon choix*. Ce que cherche la femme est "l'existence sociale", non à proprement parler la reconnaissance par le travail, avec lequel, les femmes, reconnaît encore Polony, n'ont aucune distance. "Pas l'ombre d'un plaisir, pas de jouissance dans cette façon si parfaite d'analyser un vin, de le passer au crible de critères quasi scientifiques." Les fliquettes chiantes à force de professionnalisme ont envahi les séries télé. Mais c'est une sorte de propagande. Lorsque les femmes ne cherchent pas à concurrencer le milieu des hommes, elles ont pour le travail un rapport distancé qui confine au jeu et à l'indifférence. Probablement parce que la femme est matrice, donc créatrice de la société elle-même, ses activités, à l'image de la société, ne peuvent se limiter à un champ précis; son but profond n'est pas de dominer la nature par le travail mais de conserver cette société dont elle est la source.

*

Selon Zemmour, les bourgeoises du XIXe siècle seraient devenues oisives à l'imitation des aristocrates dont elles avaient pris la place. Pour Nat. Polony, c'est "le développement des banlieues résidentielles dans les années 1950" qui est à l'origine du mystère de la femme au foyer... mais de mystère il n'y a point si l'on considère que de tout temps, les femmes vaquaient à des occupations qui ne les éloignaient jamais vraiment du foyer. La femme au foyer n'est donc pas une anomalie au XXe siècle mais la persistance, malgré l'industrialisation et la tertiarisation, d'une vie familiale totalisante. De plus, je ne crois pas que les cas circonstanciés de bourgeoise esseulée, névrosée ou hystérique aient jamais constitué un modèle négatif: pour la petite-bourgeoisie des années 1920-30 (et non 1950), l'accession à la propriété, en banlieue avec jardin, représentait un progrès; toutes ces maisonnettes à pignons et moellons jointés constituent encore une bonne partie de la banlieue française. Les allocations familiales aidaient les mères de famille qui étaient loin d'être toutes des femmes au foyer, avant ou après la guerre. (3) Simone de Beauvoir, toujours aussi complexe mais sans complexe décrivait par le menu le travail des femmes, exposait des chiffres, reconnaissait que "L'époque actuelle invite les femmes, les oblige même au travail...", ce qui n'ayant pas changé, fut probablement vrai de tout temps. "En 1900, on comptait encore en France 900 000 ouvrières à domicile qui fabriquaient des vêtements, des objets de cuir et de peau, des couronnes mortuaires, des sacs, des verroteries, des articles de Paris..." - "on trouve en France en 1940 environ (...) deux millions d'ouvrières... 1 200 000 travaillent dans les industries de transformation dont (...) 380 000 à domicile comme couturières." Les chiffres sont précis: de Beauvoir aurait peut-être pu comprendre qu'en dépit d'une industrialisation féroce, les femmes, lorsqu'elles le pouvaient, tentaient de sauvegarder la liaison entre le foyer et le travail comme ces paysannes qui, le soir venu, travaillaient encore: "après le dernier repas, elle occupe la veillée à raccommoder, nettoyer, égrener le maïs, etc." L'oisiveté est mère de tous les vices, disait-on: on ne perdait pas ses instants. Comment ose-t-elle prétendre alors, qu'en dépit de tout ce travail, les femmes de tout temps avaient été irresponsables, aliénées, mineures, soumises à l'homme, à sa seule puissance de travail et pire, cantonnées à l'immanence!

De deux choses l'une: si le féminisme a libéré les femmes de la tutelle domestique et non Moulinex, c'est qu'elles ne travaillaient pas: ce qui est faux. A contrario, beaucoup de femmes, forcées de prendre un emploi ouvrier ou de bureau, voulaient sauvegarder la part importante du foyer. Seule l'industrialisation de masse a séparé travail devenu salarié et travail domestique. Si globalement, elles n'ont jamais cessé de travailler, à quoi positivement à servi le féminisme? A accompagner la séparation énoncée.

"La femme reconquiert une importance économique

qu'elle avait perdu depuis les époques préhistoriques parce qu'elle s'échappe du foyer et prend à l'usine une nouvelle part à la production." Est-ce à dire que les paysannes, dont le lourd travail quotidien était décrit par de Beauvoir, ne produisaient rien? ou les couturières à domicile? Tout ça est stupide: là réside la projection fantasmatique d'une bourgeoise n'ayant jamais travaillé de ses mains ni même assumé des tâches domestiques (à part le repassage en période américaine amoureuse).

Le féminisme ultra-agressif d'aujourd'hui marque son échec patent; il n'a aucune base sociale, les femmes ne veulent pas devenir des clones dont on utilise le ventre, des tarées les seins à l'air qui haïssent le genre humain et dégradent des monuments. Les présupposés faux du féminisme poussés à bout donnent soit la citadine lesbienne angoissée par la vie, soit la non-femme mais faux-homme, attachée à rien sinon à son patron qu'elle défend bec et ongles (Christine).

*

Il paraît que les femmes ont bien changé depuis la vague du féminisme contemporain: autre présupposé faux. Les soi-disant acquis du féminisme d'abord n'en sont pas vraiment et du reste, ne pèsent pas lourds devant le côté négatif de l'individualisation, phénomène, on l'a dit qui englobe le féminisme.

Tout "progrès" entraîne une régression sur le plan subtil de la civilisation: il n'en est un que de façon formelle.

L'idéologie du progrès, en bout de course, arrive mal à cacher l'immense régression de la solitude généralisée, de la vie de famille brisée, de sociétés entières passées sous la coupe de compagnies internationales voraces et impersonnelles.

"Superbe revanche d'Eve: non seulement, elle n'enfante plus dans la douleur mais elle décide quand elle enfante, et dans quelles conditions", nous assure Nat. Polony. "Pour la première fois dans l'histoire de l'humanité, les femmes cesseraient de subir ce corps qui les vouait à des maternités répétées..." (4) Encore une qui, à la suite de de Beauvoir, "en vient à penser le corps féminin (...) comme ce qui l'empêche d'être, et à postuler, au-delà de la femme réelle (biologique et historique) une femme essentielle parée de toutes les qualités masculines idéalisées"? (5) Pas vraiment: c'est une pose, une pirouette, un guimique auquel Nat. Polony croit et ne croit pas, à sa guise. Elle n'a pas vécu le vrai sentiment de malaise de de Beauvoir qui l'a détournée des hommes et même de l'humanité. Satisfaite de son sort, plus par son naturel que par de réelles conditions objectives, Nat. Polony, bien élevée, plus fantaisiste que radicale, ne se pose pas comme un problème essentiel au monde.

Lorsque les femmes mouraient en couches, les hommes ne vivaient pas bien plus longtemps; aujourd'hui, ce sont de vieilles femmes qui s'ennuient à mourir, reléguées dans des dortoirs. Quoique Polony ou Badinter s'en défendent, le féminisme est une victimisation permanente, pas seulement le féminisme féminisant; mais si l'on étend les soi-disant problèmes féminins à l'ensemble de la société, on se rend compte qu'ils n'ont rien de particulier et que c'est un ensemble qui fonctionne, pas seulement une partie. De fait, jamais les milliards de femmes ayant précédé Simone de Beauvoir ou Natacha Polony n'ont conçu leur vie particulière comme une malédiction, leur corps comme "une chose opaque aliénée" ou la figure de la "femelle humaine" comme un "produit intermédiaire entre le mâle et le castrat" et s'il est impossible de le savoir, il est aussi impossible de l'affirmer comme le fit de Beauvoir.

Le problème avec cette théorie du féminisme qui n'a pas de base intellectuelle solide, est qu'on en arrive à se demander si la moitié de la population, à telle époque reculée, était bien heureuse à moins d'être "soumise" absolument. La bêtise de ce présupposé consiste à poser l'homme, à la manière beauvoirienne, comme un être transcendant toute condition, heureux par lui-même, libre dans l'absolu.

Se demande-t-on si les hommes de l'époque considérée, les paysans, par exemple du Moyen-âge étaient libres comme l'air? (6) Est-ce que même le roi de France était absolument libre de faire tout ce qu'il voulait et de ne rendre de comptes à personne? Se demande-t-on si le paysan moyen, soumis à des travaux encore plus durs que ceux de sa femme, soumis à la corvée, au pouvoir seigneurial, au pouvoir ecclésiastique, aux intempéries encore, au bon vouloir des armées en campagne, voire à des soudards, était bien libre et heureux? Peut-être d'ailleurs le concevait-il ainsi: pourra-t-on jamais tirer des sentiments particuliers de conditions objectives? Le citadin banal d'aujourd'hui est-il plus heureux que le paysan d'autrefois? De Beauvoir l'affirmait elle-même: "Mais nous ne confondons pas non plus l'idée d'intérêt privé avec celle de bonheur: c'est là un autre point de vue qu'on rencontre fréquemment; les femmes de harem ne sont-elles pas plus heureuses qu'une électrice? La ménagère n'est-elle pas plus heureuse que l'ouvrière? (...) Il n'y a aucune possibilité de mesurer le bonheur d'autrui et il est toujours facile de déclarer heureuse la situation qu'on veut lui imposer..." Pourquoi n'a-t-elle pas poursuivi dans cette voie sceptique? "Nous estimons quant à nous qu'il n'y a d'autre bien public que celui qui assure le bien privé des citoyens..." Elle confondait bien le bonheur, entendu comme bonheur social, qui est une "idée neuve en Europe", assurait Saint-Just et "l'idée d'intérêt privé". Ainsi ont fait toutes les théories sociales non-religieuses depuis le XVIIIe siècle.

*

La femme ne décide pas absolument de son destin biologique. Beaucoup de jeunes femmes, n'étant pas préparées à la maternité et la vie de famille, comme le démontre L. Choffey, découvrent celles-ci avec anxiété et précipitation, c'est-à-dire par accident et vers la trentaine: où est le choix là-dedans, où est la liberté? L'espèce qu'elles ont négligée se rappelle à elles. Non seulement, elles n'ont eu qu'un faux choix entre des études diverses devant toutes mener à l'indépendance économique et la compétition avec les hommes mais elles découvrent bien souvent tardivement et par accident, le corps se faisant pressant, ce qui eut pu alors être le deuxième terme d'un vrai choix. "Le désir d'enfant est bien souvent déterminé par une angoisse face au temps", dit Nat. Polony sans y penser. Elles n'ont aucunement eu, ces femmes, la possibilité temporelle de choisir entre deux voies vraiment différentes, dont elles constatent empiriquement, au cours de l'existence, la difficile compatibilité. "Il est actuellement fort difficile de concilier travail et maternité" notait Simone de Beauvoir, sans s'aviser que la vie est plus simple lorsque le travail féminin n'est pas séparé du foyer.

Enfin, faut-il rappeler qu'un enfant se fait à deux, qu'il n'est pas une décision égoïste de la femme, tendance favorisée par le féminisme? "Tu seras père, si je le veux, quand je le veux", relate Elis. Badinter à propos des victoires apparentes du féminisme. Là-dessus, il y aurait aussi beaucoup à dire. Les féministes ne comprennent pas "l'inexplicable inertie des hommes"; elles ne comprennent pas surtout que face aux petits acquis du féminisme qui n'en sont pas, la contraception et l'avortement ayant existé de tout temps, ayant de plus été les instruments masculins du malthusianisme, constaté en France depuis le XVIIIe siècle, la séparation des liens professionnels et affectifs autrefois attachés, la régression de la vie de famille ont surtout profité à des hommes ravis de jeter l'habit de la civilisation et de se retrouver "comme les hommes de Cro-Magnon de la préhistoire. Toujours à chasser et à courir la gueuse." (7) E. Zemmour décrit très bien ce phénomène, à la fois lamentable et ridicule, de ces hommes qui se font passer pour des femmes pour mieux jouir de leurs instincts séculaires de chasseurs sexuels. Les femmes sont en cause; "elles se refusent à abandonner les rêves romantiques qui les guident de toute éternité... puisqu'elles n'ont pas réussi à se transformer en hommes, il faut donc transformer les hommes en femmes" - "(l'homme) ne doit plus draguer, séduire, bousculer, attirer. Toute séduction est assimilée à une manipulation, à une violence, une contrainte" - "L'équation implacablement féminine se met ainsi en place: si on "trompe" c'est que l'on n'aime plus, donc on se sépare." Les hommes, complètement manipulés par eux-mêmes, trop faibles d'apparence, ne sachant plus où donner de la tête, "sont désormais sincères. Aliénés de bonne foi. Ils veulent aimer et désirer ensemble" - "les hommes parlent avec les nouveaux mots qu'on leur a appris... Peu importe qu'ils répètent ces passions torrides tous les trois mois" - "Ils ont des aventures, vivent de grandes histoires, ont rencontré quelqu'un, ont des coups de foudre. Ils couvrent allègrement leurs pulsions, leurs désirs de mâles, avec un discours sentimental digne des journaux féminins." J'ai constaté moi-même comment les soi-disant divorcés, à peine un bout de papier, divorcés au bout d'un temps relativement court, se remettent en ménage à la vitesse grand V: mariage et divorce n'ont pas signifié grand chose. Il faut alors "refaire sa vie", ce qui ne signifie pas grand chose non plus car tout pourra être remis en cause au bout de trois mois ou trois ans.

De même qu'on ne fait un enfant qu'à deux, il vaut mieux l'élever à deux aussi, jusqu'à maturité. Les femmes, qui demandent de la stabilité aussi bien sur le plan sentimental que familial, devraient juger si les maigres acquis du féminisme leur ont bien profité, dans un contexte qui leur a totalement échappé.

Comment Nat. Polony ou Elis. Badinter peuvent-elles

penser honnêtement que l'avortement est la grande et seule affaire des femmes? D'abord, l'avortement, ça n'est pas très fameux: c'est toujours un résultat piteux, un échec, le résultat de l'inattention, de l'inconscience. Mais qui est le plus décomplexé, le plus arrogant face à ce phénomène? Dans le contexte plus haut décrit, ce sont bien plutôt les hommes qui poussent les femmes à l'avortement: c'est tellement facile aujourd'hui, pourquoi se casser la binette avec un môme? Pourquoi déranger une vie matérielle si confortable, une vie où l'on n'est plus obligé de croire au mariage, où l'on peut passer d'une femme à une autre, mariée ou pas, sans problème? Autrefois, l'homme était tellement responsable qu'il devait se marier après un "accident" avec sa petite amie. Aujourd'hui, même après trois enfants conçus hors mariage, n'importe quel pauvre type dira: "Je ne suis pas fait pour ça. Ca n'est pas mon truc finalement", avant de disparaître sans raison ni souci. Et puis, l'homosexualité à la mode aide encore plus à la déresponsabilisation masculine: lorsqu'on ne comprend pas pourquoi on n'arrive à rien avec toutes ces femmes, il reste la ressource de se croire pédé. Pourquoi se casser la tête à vivre avec une femme après tout, qui nous assène des leçons de morale, qui nous rappelle notre propre mère?

"Nul ne peut aujourd'hui forcer une femme à garder un enfant dont elle ne veut pas, et pas même le père, fut-il son mari", dit sans rire Nat. Polony. La naïveté féminine et féministe est quelque chose; trop contents d'user des moyens modernes de la "libération" qui les laissent dans un doux état d'irresponsabilité, ce sont plutôt les hommes les avorteurs, les pousse-au-crime. La théâtralité et la plasticité masculine aujourd'hui atteignent des sommets, dupant des femmes aussi sérieuses que naïves mais que ni le mariage, ni l'antique virilité ne protègent plus.

Sur le plan collectif, l'avortement est une absurdité: un tiers des enfants de France qui ne naissent pas sont remplacés par les enfants de l'immigration avec des conséquences immenses alors même que l'assimilation n'est plus pratiquée. Cela donne ce que Robert Ménard a révélé en mai 2015: 65% des enfants scolarisés de Béziers portent des prénoms arabes; cela donne un pays qui ne croyant plus en ses propres forces, se laisse subvertir ethniquement et religieusement. (8) Comment dans ces conditions réduire l'avortement au strict intérêt pratique des femmes? Bientôt, les femmes françaises, c'est-à-dire les non-musulmanes retourneront à la belle époque de l'avortement clandestin: ça leur servira au moins de leçon historique. "Mais le bouleversement des structures familiales, aussi bien par la généralisation du divorce que par le travail et l'indépendance des femmes, n'explique pas seul le pouvoir absolu de celles-ci sur la procréation, et avec elle la filiation." Nat. Polony essaie intuitivement de limiter la responsabilité du féminisme: elle n'a pas tort. Mais elle ne sait pas nommer la cause de tous les dérèglements qu'elle constate. Et si elle commençait par arrêter de voir des absolus, des abstractions et des ruptures fondamentales partout? "le pouvoir absolu" des femmes sur la procréation n'existe pas; on en est même loin. La seule chose que les hommes ne dominent plus, c'est l'éducation des enfants: mais ils s'en moquent bien, ça leur fait des vacances.

Autre phrase subtile mais dont le sens a échappé à son

écrivain: "En déduisant le féminin de la capacité maternelle, on définit la femme par ce qu'elle est et non par ce qu'elle choisit d'être. En revanche, il n'y a pas de définition symétrique de l'homme, toujours appréhendé par ce qu'il fait et non par ce qu'il est." Pour être parfaitement logique, Elis. Badinter aurait dû écrire: "on définit la femme par ce qu'elle est et non par ce qu'elle fait." Mais elle écrit: "par ce qu'elle choisit d'être" alors qu'elle voudrait tellement qu'elle ressemblât à l'homme, qui lui, est "toujours appréhendé par ce qu'il fait et non ce qu'il est." D'autre part, quelle peut bien être la différence entre "être" et "choisir d'être"? Merci madame Badinter de nous démontrer que la femme "choisit d'être", choisit la vie et l'illogisme de façon inconsciente; ne vous en faîtes pas, personne n'y peut rien!

Dans le monde hygiéniste ignoble auquel Simone de Beauvoir a donné sa base théorique, les femmes, dépossédées du pouvoir d'enfanter, perdraient tout être, ne seraient plus que des "produits intermédiaires" utiles à l'homme, ayant lui, perdu toute idée d'humanité.

(1) Simone de Beauvoir ne s'est pas plus illusionnée: "Considérons par exemple le sort des paysannes. En France, elles constituent la majorité des femmes qui participent au travail producteur; et elles sont généralement mariées" - "elle prend part aux gros travaux: soin des étables, épandage du fumier, semailles, labourage, sarclage, fenaison..." Tout son livre repose néanmoins sur l'idée (abstraite) que la femme a été perpétuellement exclue de la production.
(2) Les deux citations sont d'A. Soral.
(3) 480 000 ménages en bénéficiaient en 1930. Michelle Riot-Sarcey, Histoire du féminisme; Paris, 2002.
(4) Nat. Polony est tellement peu sûre de ce qu'elle écrit qu'elle

emploie le conditionnel.

(5) Citation d'A. Soral.

(6) Le Moyen-âge est l'époque maudite absolue pour toute féministe ou tout progressiste. "On n'est plus au Moyen-âge!"

(7) Jacques Chirac à Franz-Olivier Giesbert, La Tragédie du Président, 2006. Ce mythe de l'homme des cavernes, disposant librement des femmes, aussi séduisant soit-il, ne repose cependant sur aucun témoignage archéologique. Qui sait alors si la civilisation n'était pas plus développée qu'on ne le croit?

(8) Certes le maire de Béziers, qui s'exprimait dans l'émission *Mots croisés* (F2), le 4 mai, a cafouillé et a laissé entendre qu'il dressait un fichier selon l'appartenance ethnique. Mais lorsque 60 à 80% d'une classe ou d'une école est arabe ou étrangère, non seulement ça se voit mais de plus, le problème alors n'est évidemment pas la tenue d'un fichier mais cette masse qui envahit tout et qui subvertit toute action du groupe prétendument dominant. A gauche, ça fait longtemps qu'on a séparé le principe et la réalité sociale et qu'on se refuse à concevoir l'islam comme une appartenance ethnico-confessionnelle; or, c'est bien la masse qui commande et impose ses valeurs et sa façon de vivre.

VII - Conclusion

Le mythe de femmes accédant soudainement au monde merveilleux du travail, à partir de l'après-guerre, est encore trop répandu. Simone de Beauvoir, avec sa redoutable naïveté, en est en partie responsable. Alors que la femme avait toujours fait partie de la production, elle l'en pensait exclue volontairement et injustement. C'est aujourd'hui même qu'elle n'en fait plus partie et du temps de de Beauvoir, le mouvement vers une tertiarisation quasi complète du travail des femmes était déjà bien enclenché. "Dans l'imaginaire collectif, la femme sexuellement opprimée a remplacé le prolétaire." (1) Le féminisme fut bien un nouveau messianisme mais dont la base sociale était toute imaginaire et dont le trait pour le moins paradoxal a été d'accompagner la sortie des femmes de la production!

Sur les débris du féminisme d'ailleurs, on essaye maintenant de faire la même chose avec les homosexuels, nouvelle classe a priori opprimée. Quand l'homme cessera-t-il d'inventer d'utopiques sociétés et de vivre enfin avec ce qu'il a? L'intellect peut produire de grandes erreurs: ça vaut pour tous les idéalistes, de de Beauvoir à Soral, ce qui n'enlève du reste, pas la qualité de certaines réflexions. Dans la tradition française, l'intellectuel, le clerc a une place à part; on l'imagine créant le mouvement, on le pare et il se pare volontiers d'une puissance qu'il n'a en fait pas. A partir d'un ramassis de pensées épars, les gens touchés vont dégrader de plus en plus les idées nettes ou nuancées de départ, en préjugés et notions vagues. L'intellectuel est fautif aussi, par sa vanité; figure particulière depuis l'époque des conversations de salon et des cafés du XVIIIe siècle, il poursuit une tradition certes éminente voire réjouissante mais il se trompe lorsqu'il veut absolument mêler les idées à l'opinion en prêtant à celle-ci des vertus qu'elle n'a pas non plus; la rencontre de deux manques ne peut donner que des malentendus et des fantasmes.

Au terme de ce livre, je ne me suis pas demandé ce qu'était la virilité et d'ailleurs je n'en sais trop rien. Contredisant l'affirmation fameuse et péremptoire de de Beauvoir, la féminité est revenue en force à l'orée des années 1990 sous forme d'une exaltation de la personnalité et du caractère féminins qui ne serait pas advenue en fait, si le vieux-féminisme n'avait triomphé et imposé une sorte de dictature symbolique molle. La féminité est quelque chose d'évident, d'archi-naturel par rapport à une virilité qui ne l'est pas: jusqu'au bout, de Beauvoir aura eu tout faux. Ce n'est pas femme qu'il est difficile de devenir: la nature pose des jalons que les femmes suivent sans peine; c'est bien plutôt homme. Non seulement il est beaucoup trop dur aux femmes de se prendre pour des hommes mais il est facile par contre aux hommes de se dénaturer, de jouer les folles, les enfants, les lâches. Tout ceci, les femmes l'ont appris à leurs dépens. Ne le savaient-elles pas, ces femmes d'antan, ces femmes "soumises" ou raisonnables, comme disait madame Chirac? Si mais on les a oubliées.

Les jeunes hommes d'aujourd'hui ne savent pas ce que c'est

que d'être virils. Ils cherchent une part de leur virilité dans le sport, le combat de rue éventuellement mais surtout les jeux vidéo violents, le porno brutal ou les commentaires insultants sur internet; cette violence virtuelle, très développée dans nos sociétés ne fait que refléter la permanence de la violence masculine, autrefois réelle mais canalisée, proche, inquiétante et stimulante, aujourd'hui virtuelle en grande partie, envahissante, inefficace et stérile. La violence, intrinsèquement masculine, rappel salutaire de notre mortalité, est à l'origine de l'aventure de l'homme: n'a-t-il pas fait violence à la nature pour se définir en tant qu'homme, pour inventer la technique? Sans violence, il ne serait resté qu'un singe. Sans violence, il n'aurait construit aucune société, aucune civilisation, n'aurait pas mené les hommes à "l'atroce mêlée" (2) pas plus qu'il n'aurait produit la littérature ou les oeuvres d'art, violence de la pioche et du ciseau sur un bloc inerte. Cette violence, punition des dieux peut-être, est à l'origine de grands maux comme de grands biens; il est stupide en tous cas, de la condamner en totalité. On ne fait rien d'ailleurs sans une certaine violence, sans se lever le matin pour aller à l'école ou travailler, sans se donner un but qui contredit notre paresse naturelle, notre volonté de vivre dans un pur égoïsme, une éternelle jouissance. La vie par elle-même est pourrissement, alanguissement, chaos, confusion, oubli. Elle ne veut rien, elle s'étale, fleurit, meurt sans regret pour elle-même. Peut-être vaut-il mieux ne rien faire de spécial, du reste:

"et l'homme qui n'a rien fait obtient la même mort que celui qui passa sa vie à travailler" (3) toutes les attitudes philosophiques fondamentales se valent. Mais cette attitude passive n'a jamais existé en tant que modèle social; ce sont toujours les éléments actifs et combatifs qui l'emportent car ils se donnent les moyens d'encadrer la société.

Contrairement aux "libérateurs" de gauche, aux progressistes type de Beauvoir, Soral ou Polony, je crois bien plutôt que la grande masse des hommes a peu besoin de liberté et beaucoup de servitude. A force de libérer l'homme, on tombe sur un vide sidéral. Etre d'angoisse philosophique, de projections parfois folles et d'habileté infinie, l'homme a besoin de guides, de chefs, de maîtres; à ce prix, il échappe à la passivité morfondante de la vie.

*

On ne dira jamais assez qu'hommes et femmes sont complémentaires, qu'ils ne pensent ni ne font naturellement les mêmes choses. Ce plan de la nature doit être respecté comme le fondement de toute société. Mais il faut être conséquent: Christine, la carriériste parisienne de l'émission *C'est mon choix*, disait aussi qu'hommes et femmes étaient complémentaires. La complémentarité dont on parle en passant, complémentarité commerciale, esthétique, est acceptable tant qu'on ne la déroule pas à fond: le terme logique de la complémentarité, c'est bien l'inégalité. Revenir à la complémentarité revient donc bien à abolir l'égalité, l'égalité pratique d'abord, la plus facile à disparaître, puis tout le dogme féministe de l'égalité sexuelle stricte. L'histoire retiendra que ce sont les femmes qui ont les premières piétiné le féminisme masculinisant qui les défiguraient bien trop et ont compris que les postures viriles étaient artificielles. Cependant l'époque est encore schizophrénique en diable: "De plus en plus de femmes -même parmi les plus diplômées - se retirent du marché du travail au premier enfant", explique E. Zemmour; on pousse absolument les femmes à faire de la politique, mais "elles ont compris que la vie politique occupait les soirées et les week-ends." Pourtant, le discours féministe et homosexualiste impose une sorte de suprématie. Pour combien de temps encore les faibles vont-ils faire croire à leur force? Y'aura-t-il toujours une pseudo-classe souffrante et symboliquement dominante dans les sociétés occidentales?

Nous ne pouvons nous passer de la nature qui est élan vital et régénération mais nous ne devons pas tenter de la nier puis de la remplacer, tentatives de sociétés anémiées dominées par des faibles. L'homme n'a pas agi sur les femmes comme un sujet absolu, un Dieu se permettant tout, ni même à travers les classes sociales en tant qu'homme socialement indéterminé. Ce n'est pas seulement Simone de Beauvoir, ce sont les femmes elles-mêmes qui parent l'homme de qualités extraordinaires qu'il n'a le plus souvent pas. "enfermée dans sa chair, dans sa demeure, elle se saisit comme passive en face de ces dieux à face humaine qui définissent fins et valeurs" - "Il faut bien que l'homme soit capable de se justifier sans elle puisqu'elle espère être justifiée par lui" - "La femme ne peut donc prendre qu'en se faisant proie..." Simone de Beauvoir pensait que cette attitude ambigüe n'était due qu'à une situation mais comment un mouvement ambigu de la personnalité aurait-il pu durer des milliers d'années sans virer vers la maladie mentale et l'auto-destruction? Le désir féminin, aussi compliqué soit-il est un mouvement stable de soumission à la virilité en même temps qu'un mouvement d'enveloppement et de subversion de la virilité, une revanche fantaisiste de la nature sur le pouvoir artificiel masculin, mouvement tout aussi inconscient et permanent. D'un autre côté, l'homme est arrogant et cache certes un complexe d'infériorité mais ceci n'est pas dû non plus à une situation; c'est sa condition intime. Sans arrogance, comment aurait-il pu dominer la nature? En même temps, il ne sait jamais s'il a bien fait et a besoin de l'approbation de sa compagne, plus détachée par rapport aux réalisations humaines. Le désir qu'elle se plaît à compliquer est la marque de sa supériorité inutile. Simone de Beauvoir ou Natacha Polony voulaient un "libre échange" ou "une conception républicaine des rapports sociaux" entre hommes et femmes: au-delà du ridicule de la formule, c'est introduire le concept dans la chair et nier l'instinct. Est-ce que les femmes, devenues aussi puissantes que les hommes imaginaires de de Beauvoir, auraient abandonné leur fameux esprit de contradiction, auraient enfin accédé au stade nirvanesque de la "liberté" et de "l'authenticité" masculines? Non seulement elles n'ont pas changé mais ces prétentions ridicules n'ont évidemment pas été atteintes. Contrairement à ce que croyait de Beauvoir, la sexualité est déterminante et le désir inconscient façonne les êtres, laissant de côté la raison. C'est bien le déterminisme sexuel, de type anthropologique, qui explique la permanence de comportements féminins et masculins dans la société, opposés mais pas incompatibles, qui explique l'harmonie des sociétés traditionnelles. L'homme n'est pas responsable de comportements déterminés par l'espèce; en se soumettant à son attraction, son pouvoir d'organisation, la femme en a tiré le plus grand profit. Eve n'a aucune revanche à prendre. Au regard du Paradis perdu, les deux expulsés tous deux fautifs, sont deux malheureux. La soumission et l'infériorité féminines caractéristiques expliquent tous les types de comportement féminin dans la société et répondent à une domination et une supériorité que les hommes n'ont pas inventé, ne contrôlent pas mais expriment de manière nécessaire. Le tout, s'il est accepté sans idéologie, peut fonctionner au grand bénéfice de l'ensemble.

(1) A. Soral, déjà cité.
(2) Expression tirée de l'Iliade.
(3) Achille à l'ambassade composée d'Ulysse et de Phénix, entre autres; chant IX, Iliade.

*

Je tiens à remercier la Mission locale de Tonnerre qui m'a permis de mettre au propre et d'imprimer le manuscrit de ce livre.

Bibliographie essentielle

Le siècle de Louis XV, Pierre Gaxotte (1933, Fayard)

Le Deuxième sexe, Simone de Beauvoir (1949, Folio-essais ou Idées-Gallimard)

« Défense de la marquise de Pompadour » par Philippe Erlanger, *Historia*, avril 1964

Une histoire populaire des Etats-Unis, Howard Zinn (1980, Agone)

Vers la féminisation, Alain Soral (1999, Bibliothèque blanche)

L'Art français, tome III, André Chastel (2000, Flammarion)

Fausse route, Elisabeth Badinter (2003, Odile Jacob)

Le Premier sexe, Eric Zemmour (2006, J'ai lu)

L'Homme est l'avenir de la femme, Natacha Polony (2008, JC. Lattès)

Mélancolie française, Eric Zemmour (2010, Fayard-Denoël)

L'effroyable Imposture du féminisme, Lucie Choffey (2014, Kontre-kulture)

Printed in Great Britain
by Amazon